★
♥ **상냥한 지성 ②**

행운과 불운에
대처하는 법.

프란체스코 페트라르카 지음

임희근 옮김

일러두기

1. 이 책의 원서는 1366년에 발표된 『De Remediis Utriusque Fortunae』로 라틴어로 집필되었으며, Anne Duprat가 번역한 프랑스어 번역본 『Contre la bonne et la mauvaise fortune』과 Conrad H. Rawski가 번역한 영어 번역본 『Petrarch's Remedies for Fortune Fair and Foul』, Susannah Dobson이 번역한 영어 번역본 『Petrarch's View of Human Life』를 참고해 번역했다.

2. 원문의 주는 본문에 숫자로 표시하고 필요에 따라 내용을 보충해 책 말미에 수록했고, 옮긴이 주는 약물로 표시하고 페이지 하단에 실었다.

옮긴이의 말
영원한 처세술

　이 책을 소개하면서 우선 이 글을 쓴 페트라르카는 어떤 사람이었는지 살펴보고자 한다. 이름은 낯익지만 그에 대해 자세히 알지는 못할 수 있기 때문이다.

　프란체스코 페트라르카는 1304년에 태어나 1374년에 죽은 이탈리아의 시인이자 르네상스를 연 인문주의자다. 이탈리아 중부 토스카나주에 있는 도시 아레초(영화 『인생은 아름다워』의 무대) 태생으로, 공증인이었던 아버지가 교황(1309년에 로마에 있던 교황청이 아비뇽으로 옮겨 가 이른바 '아비뇽 유수' 시대가 시작되었다)을 따라 프랑스 남부 아비뇽으로 이주하면서 아비뇽과 그 인근 도시인 카르팡트라에서 살게 되었다.

　1316년 아버지의 뜻에 따라 프랑스 몽펠리에대학에서 법학을 공부하고, 1320년 다시 이탈리아 볼로냐대학에 진학해 고전문학을 연구했다. 아버지가 돌아가신 후 그는 법학 공부를 포기하고 아비뇽의 교황청에서 일하며 키케로 등 라틴어 원전을 발굴하기도 하고 서사시 「아프리카」도 썼다.

1327년 아비뇽의 생트클레르 성당에서 라우라라는 여인을 보고 사랑에 빠져 그녀를 향한 연애시를 쓰기 시작해 한평생 그녀의 모습을 시로 읊었다. 당시 유럽에 창궐했던 페스트로 1348년에 라우라가, 1361년에 공식적으로 알려지지 않은 여인과의 사이에서 태어난 아들이 죽었다. 1347년부터 유럽 전역에 급속도로 퍼지기 시작한 페스트는 종교적·사회적·경제적으로 큰 영향을 미쳤다.

페트라르카는 1341년 라틴어 서사시 「아프리카」의 독창적 구상이 높은 평가를 받아 로마의 계관시인이 되었으며, 1350년에는 르네상스의 대표 주자 보카치오와 친교를 맺었다. 만년에는 이탈리아 파도바 근교의 아르콰에서 딸 내외와 살았는데, 책을 좋아해 고전에 묻힌 채 사망했다고 한다.

책도 좋아했지만 그는 유럽 각지를 여행하기도 했다. 프랑스의 프로방스에서 가장 높은 산인 몽방투 정상에 올랐던 그는 처음으로 관광과 등반 개념을 실현한 사람으로도 꼽힌다. 그는 중세의 초경험적 가치관에 반대하고 있는 그대로의 인간성, 열렬한 기독교적 자각에 기반한 인간의 활동력을 찬양했는데, 그러한 주장이 르네상스 문화를 낳은 원동력이 되었다. 즉 페트라르카는 르네상스 초기에 중요한 역할을 한 시인이었고, 이탈리아어의 발전에도 큰 영향을 주었다.

그의 작품 가운데 한국어로 번역 소개된 것은 소네트인 『칸초니에레』가 전부다. 이번에 『행운과 불운에 대처하는 법』을 발췌 번역하면서 인간의 관심사는 14세기나 21세기나 비슷하다는 생각을 하지 않을 수 없었다.

저자에 대해 살펴보았으니 이번에는 책에 대해 알아보고자 한다.

이 책의 원제는 『De Remediis Utriusque Fortunae』로, 라틴어로 집필되었다(당시 라틴어는 유럽에서 그 위세가 여전히 시들지 않았으며 14세기에 들어서야 비로소 라틴어로 된 저서가 각 나라 언어로 번역되기 시작했다). 나는 라틴어에 능하지 않지만 이 책을 한국 독자에게 꼭 소개하고 싶어 프랑스어 번역본인 파요 앤 리바주Payot & rivages의 문고본을 번역 판본으로 삼고, 미국과 영국에서 각각 출간된 콘래드 로스키와 수재나 돕슨의 영어본을 참고해 번역했다. 특히 1971년에 출간된 수재나 돕슨의 번역본 『페트라르카의 인간의 삶에 대한 관점』Petrarch's View of Human Life은 실내장식, 지참금, 귀금속, 옷 등 세세한 의식주 문제나 입양, 장모와의 관계 등 가족 문제까지도 다루고 있다. 이 책에서는 전체 254개 대화 중에 59개를 추렸다. 너무 소소하고 시대 상황에 따라 달라지는 주제보다는 부나 명성같이 추상적이지만 예나 지금이나 여전히 인간 생활 전반에 큰 영향을 끼치는 내용을 중심으로 말이다.

　　이 책은 제목처럼 '행운과 불운에 대처하는 법'을 이성과 정념(기쁨이나 두려움 등 감정에 따라 출렁이는 우리의 마음) 간의 대화로 재미있게 풀어놓은 책이다. 글을 읽어 보면 언제 닥칠지 모르는 행운과 불운 그리고 그에 대한 반응은 예나 지금이나 그리 다르지 않다는 것을 알 수 있다. 누구나 자기에게만 불운이 닥친다고 생각하기 쉽다. 우리는 못생겨서, 몸이 약해서, 친구가 없어서, 가난해서 등등의 이유로 불행하다고 느낀다. 또 뜻하지 않은 행운이 찾아오면 자기가 잘해서, 당연하게 누릴 만하니까 누리는 거라고 생각하기 쉽다. 이 책을 늘 곁에 두고 뒤적이다 보면 자신의 경우를 종종 발견할 수 있을 것이다. 번역하면서 700~800년 전 옛날에도 사람들은 지금과 똑같이 각종 정념에 시달리고 명성을 추구하고 미식美食과 요리 평을 독서보다 좋아했다는 것을 알고 고소를 금할 수 없었다. 오늘날 매체를 가득 채운 미각이라는 즉각적 쾌락을 수백 년 전에도 다름없이 추구했다는 사실 때문이다. 미식은 물론 가장 쉽게 접할 수 있는 즐거움이고 쉽게 추구할 수 있는 쾌락이지만 지속성이 없고 언젠가는 사라진다.

교회 지하실에 자발적으로 유폐되다시피 하여 키케로 등 옛 로마의 원고를 재발굴하고 탐독했던 독서가 페트라르카였기에 이런 말을 할 수 있었던 건 아닐까. 『행운과 불운에 대처하는 법』에서 중심이 되는 것은 어디까지나 이성, 즉 미덕이다. 14세기는 중세에 성행했던 교회 철학, 즉 스콜라철학이 아직 몰락하지 않은 때였고(스콜라철학은 르네상스 초기까지 이어졌다), 페트라르카가 르네상스의 문을 연 사람이라고는 하지만 기독교 신앙의 영향이 여전히 강했다. 그는 이 책과 다른 책에서 그 신앙을 강력히 피력하고 있다. 그가 평생 사모했던 아우구스티누스가 중세의 문을 열었고, 그가 그 문을 닫았다는 것은 아이러니한 일이다. 혹자는 둘의 관계를 이렇게 비유한다. "아우구스티누스는 기독교가 로마에 해가 되지 않는다는 것을 입증하려 했다면, 페트라르카는 고대 그리스·로마 문학이 기독교 세계에 해가 되지 않는다는 것을 입증하려 했다.”

　페트라르카는 교황청에 봉직했으며, 결혼은 하지 않았지만 자식은 있었다(아들과 딸 모두 나중에 자기 자식으로 인정했고, 아들은 일찍이 잃었지만 딸과는 죽을 때까지 함께 살았다). 이 책을 번역하면서 기독교 신앙을 피력하고 강력히 권면하며 성경적 전거를 든 부분은 대부분 생략했다. 중세를 막 벗어난 페트라르카에게는 이 신앙이 중요하고 전부였겠지만, 지금의 독자는 이와 전혀 다른 세계관으로 이 책을 접할 수도 있기 때문이다. 모든 것은 유일신의 창조물이며, 여기서 강조하는 미덕조차 신에게 이르는 길이라는 그의 생각을 꼭 공유할 필요는 없겠다. 몽방투 정상에서 아우구스티누스의 『고백록』을 읽었다는 그는 심지어 힘겨운 등반조차 신에게 가까이 가는 길이었다고 말한다. 이런 식으로 그는 절대에 대한 갈증을 해소하지 않았나 싶다. 미덕을 강조하는 이 책에서 나는 기독교적 완덕에 대한 강박보다는 오히려 감각적 욕망에 대한 경계심을 보았다. 받아들이는 것은 어디까지나 독자의 몫이다.

이 책은 라틴어판을 15세기에서 18세기에 걸쳐 28판이나 찍을 정도로 전 유럽에서 유명했다. 행운의 경우엔 기쁨과 희망, 불운의 경우엔 두려움과 고통에게 이성이 들려주는 교훈은 '꿋꿋이 버티고 절도를 지키며 어떤 경우에도 흔들리지 말라'는 것이다. 오로지 이성만이 모든 것의 답을 알고 있다. 이성과 미덕에 우위를 부여하는 것 역시 스콜라철학의 유산이다. 크게 기뻐하지도, 크게 슬퍼하지도 말고 절도 있게 굳건히 자신의 자리를 지키라는 것이 페트라르카가 주는 교훈의 골자다. 순경順境에서는 겸손을, 역경逆境에서는 견인불발의 의지력을 강조한 것이다. 중세와 르네상스 시대가 구분되는 점은 더 이상 신에게 모든 것을 의탁하지 않고 인간 자신에게서 해법을 찾는다는 것, 스스로 찾아 읽고 활동하는 자율적 인간이 탄생했다는 것이지 모든 인간이 단번에 무신론자가 되었다는 것이 아니다. 페트라르카는 독실한 기독교도이면서 또한 인문주의자였던 것이다.

그 시대에도 외면받던 라틴어 고전을 찾아 독파했기에 그 독서의 힘으로 그는 르네상스의 문을 열어젖힐 수 있었다. 그는 중세를 '암흑시대'라고 부른 최초의 인물이다. 또 오늘날 '인문주의의 아버지'라 불린다. 라우라라는 여인을 연모했지만 천상의 존재가 아니라 어디까지나 지상의 여인으로 연모했던 것이다. 그가 독실한 기독교도였던 것은 그의 종교적 선택이자 시대적·개인적 배경이었지만—르네상스 초기에 교황청은 사실상 독자적인 영토를 지닌 세속 국가이면서 동시에 다른 군주들의 비판을 허용하지 않는 무소불위의 권력이었고, 교황이 사생아를 요직에 앉히는 등 부패가 만연해 이후 종교개혁의 불씨가 되었다—우리는 훗날 니체의 운명애(아모르파티)로, 또 '지금 여기'에 대한 집중으로 이어지는 그의 사상(페트라르카는 철학자가 아니라 뛰어난 시인이었음을 잊지 말자)을 생각하면 그뿐이다. 참고로 기독교 신앙에 대한 페트라르카의 저서로는 아우구스티누스와의 가상 대화로 이루어진 『나의 비밀』Secretum, 프랑스 남부에서 살았던 그의 삶과 역대 은둔자의 삶을 그린 『혼자만의 삶』De Vita Solitaria 등이 있다.

　　페트라르카는 역병을 피해 딸 프란체스카의 가족과 함께 베네치아로 가서 살다 1368년 파도바 인근의 작은 마을 아르콰로 옮겨 가 1374년 그곳에서 세상을 떠났다. 오늘날 이 마을은 페트라르카의 이름을 따 아르

콰-페트라르카라 불리며 이탈리아에서 가장 아름다운 마을로 꼽힌다. 페트라르카는 말년에 주로 이 책의 원고를 다듬으며 시간을 보냈다고 한다.

그는 키케로, 세네카, 베르길리우스 등 라틴어 저서를 탐독했고 라틴어로 시나 산문도 많이 썼다. 이 책에도 수많은 그리스·로마의 인물과 작품이 등장한다. 페트라르카는 독실한 기독교도였지만 고대 로마 문학을 수집해 편집하고 번역했으며, 로마 문학을 그의 시대에 걸맞게 계승한 라틴어 저작을 내놓기도 했다. 그는 모든 책에서 성경에 나오는 인물이나 구절 대신 로마 시대 인물과 저작, 신화를 인용했는데, 당시에 이는 대단히 신선하고 파격적인 일이었다. 그는 그가 살았던 시대에도 이미 옛사람이었던 그리스와 로마 사람들을 왜 그렇게 많이 인용했을까? 그는 말했다. "우린 무엇보다 가장 고귀한 저자들이 남긴 기억할 만한 작품을 계속 주의 깊게 읽을 수 있어. 그런 책을 읽고 유익한 성찰을 마음을 활짝 열고 받아들일 수만 있다면 말이야. 내가 확실히 말하지만, 책은 우리가 지상에서 얻을 수 있는 구원의 조언이 담긴 유일한 근원이야." 이 말은 페트라르카 자신에게도 적용된다. 고전을 좋아했던 그는 훗

날 자기 책도 고전이 될 줄은 미처 몰랐겠지만 말이다.

　　고전을 재발견하고 깊이 읽음으로써 르네상스의 문을 열었다는 데에 페트라르카의 미덕이 있으며, 그 덕분에 세월이 흐른 뒤 그의 저서 또한 고전의 반열에 오를 수 있었다. 고전은 우리 모습을 비추는 거울이요 마르지 않는 샘이라고 한다. 그 말이 맞는 것 같다. 14세기건 21세기건 같은 고민을 안고 같은 것을 두려워하며 생로병사의 삶을 하루하루 위태롭게 살아가는 인간에게 페트라르카의 대처법은 영원한 처세술이라 하겠다. 이 책은 그때그때 상황을 잘 넘기는, 그 시대에만 해당하는 임기응변식의 가벼운 처세서가 아니라 우리를 쥐락펴락하는 운명이란, 불운과 행운이란 과연 무엇인가, 그리고 그에 어떻게 대처해야 하는가를 알려 주는 근본적 의미의 처세서다. 실제로 이 책은 수백 년간 유명한 '셀프헬프'Self-Help 책이었다.

　　고전은 어떤 문제에 즉각 답을 주진 않는다. 다만 묻는 사람 스스로 마음의 샘을 파고 들어가 답을 찾게끔 하는 원천이 되어 준다. 부디 마음의 샘을 파고 들어갔던 페트라르카의 이 '셀프헬프' 책이 현대 독자가 마음의 샘을 파는 데도 도움이 되길 바란다. 먼 옛날의 책을 이 시대의 필자가 쓴 것처럼 멋진 책으로 만들어 준 유유 출판사 조성웅 대표와 글을 다듬어 준 편집자 류현영 님의 노고에 감사드리며, 언젠가는 라틴어를 한국어로 직역한 책도 나오길 간절히 바란다.

2020년 3월 임희근

행운에 대처하는 법

삶의 기쁨과 희망에 동요하지 않기 위하여

나의 벗 아조[1]에게

인간사와 운명, 예측 불가인 데다 갑작스럽기까지 한 운명의 변전變轉을 생각하면 인간의 삶보다 더 연약하고 불안정한 것은 없는 듯해. 자연이 남들에게 이에 대처할 놀라운 치료약을 주었다면, 나에게는 기억력과 이해력, 예지력을 주었어. 이는 마음*에 신성하고 괄목할 만한 선물이지. 이 선물은 자칫 괴로움과 역병으로 변할 수도 있어. 우린 불필요하고 쓸데없고 해롭고 불길한 걱정에 사로잡히고 과거나 현재에 들볶이고 미래를 염려하지만, 사실 언젠가 이 비참한 지경에서 벗어날 거라는 생각이 드는 한 두려워할 게 없는 듯해. 그런데 왜 우리는 고통받을 이유, 괴로움을 가중할 이유를

---

* '영혼' 혹은 '정신'으로 번역되는 animus는 존재에 활기를 불어넣고 정체성을 부여하는 '생명의 숨', 즉 정신적·종교적 의미의 영혼(anima)이 아니라 인간의 일부분인 육신과 반대되는 영혼, 즉 '마음'을 말한다. 여기에서는 영혼, 마음, 정신을 혼용해 번역했다.

이토록 열심히 찾는 걸까?

그러니 제대로만 보내면 매우 유쾌하고 즐거울 인생이 슬프고 괴로워져 버리지. 인간은 인생 초년을 맹목적으로 행동하고 잊어버리고 일의 발전 등을 도모하느라 보내고, 말년은 고통받느라 보내며, 흘러가는 인생 전체는 헛꿈을 꾸느라 보내.

누구나 엄격한 눈으로 인생의 흐름을 보기만 하면 이 말이 이해될 거야. 묻노니, 우리가 언제 일과 걱정투성이인 하루를 평온하고 태연자약하게 보낼 수 있었나? 언제 안심되고 즐거운 아침이 밝아 오는 걸 볼 수 있었나? 해지기 전에는 꼭 근심 걱정이 찾아와 평온을 어지럽히지 않던가?

사람들은 불운의 기원을 일 자체에서 찾으려 하지만, 뭣보다 가장 큰 원인―그리고 솔직히 자존심에 속지 않고 말하자면―은 우리 마음속에 있어. 사방에서 우리를 공격하는 말썽은 말할 것도 없고 우리 불운의 진정한 원인은 운명에 대항해 벌이는 끝없는 전쟁인데, 여기서 오직 미덕을 발휘해야만 승자가 되어 전쟁에서 벗어날 수 있지.[2] 그러니까 우리는 외롭고 약한 채로 무기도 없이 완강한 적에 맞서 전례 없는 전투를 벌이고 있는 거야. 그 적은 위아래에서 가볍게 우리에게 무언가를 휙 휙 던지고 우리를 빙빙 돌리며 맘대로 갖고 노네. 운명이 우리를 압도하는 건 그나마 그러려니 하지. 하지만 운명은 우리를 장난감처럼 다루기도 하잖아. 문제는 우리가 쉽게 거기에 맞춰 준다는 거지. 운명이 우리를 공처럼 쉽게 이쪽저쪽으로 던지는 것은 그러기에 딱 좋은 허공이 있어서 아닐까? 짧은 생을 살면서 걱정만은 영원한 인간! 어느 물가로 뱃머리를 돌릴지, 어떤 결심에 정신을 집중할지 정하지 못해 우리는 어정쩡하게 멈춰서 있어. 현재의 악을 넘어서서 항상 고통이라는 주제가 우리의 등을 짓누르고, 눈앞엔 공포라는 주제가 버티고 있기 때문이지. 이런 일을 당하는 존재는 오직 인간뿐이야. 다른 모든 존재는 현재의 위험을 벗어나기만 하면 충분히 안전하다고 느끼지. 하지만 우리 인간은 타고난 기질과 정신의 힘이 있기 때문에 머리 세 개*달린 적 케르베로스**에게 맞서듯 끝없이 싸워야 하지. 그렇게 싸우다 보니 우리는 아예 이성을 부여받은 적이 없었으면 하게 되는 거야. 운명이 천상의 우월한 본성상 들고 있던 무기를 외려 우리를 향해 겨눌 만큼, 세월과 습성으로 인해 우리 안에 깊이 뿌리 내린 악에 저항

---

*세 개의 머리는 각각 과거, 현재, 미래를 가리킨다.

**그리스신화에서 지옥을 지키는 개.

하기가 힘들어지지.

그렇지만 우리는 힘써 저항해야 해. 어렵지도 불가능하지도 않은 너그러운 영혼의 도약이 우리가 이 길을 가는 데 도움이 될 거고, 현자와의 잦은 만남도 있고— 이런 만남이 점점 드물어지긴 하지만—우린 무엇보다 가장 고귀한 저자들이 남긴 기억할 만한 작품을 계속 주의 깊게 읽을 수 있어. 그런 책을 읽고 유익한 성찰을 마음을 활짝 열고 받아들일 수만 있다면 말이야. 내가 확실히 말하지만, 책은 우리가 지상에서 얻을 수 있는 구원의 조언이 담긴 유일한 근원이야.

가장 널리 읽히는 저자는 책에 좋은 정신을 담았기 때문에, 아니면 후세에 길을 열어 주었다는 영광을 인정받았기 때문에 대중의 사랑을 받았던 거네. 그러니 몇 세기 전에 살았지만 아직도 우리 곁에 살아 숨 쉬고 그 신성한 천재성과 지극히 거룩한 작품으로 우리와 대화하는 유명 저자에게 어찌 감사하지 않을 수 있겠는가! 차지도 후텁지근하지도 않고 기분 좋게 불어오는 산들바람처럼, 활동적이고 경험 많은 선원처럼, 우리 정신을 이끌어 가는 끊임없는 흐름 속에서 그 저자들은 우리를 자기 쪽으로 인도하는 느린 돛을 올리고 표류하는 영혼의 키를 잘 조정해 심한 폭풍우를 만난 우리 생각이 마침내 육지에 닿아 다시금 평온을 찾게끔 잔잔한 항구를 보여 주지.

　이런 게 진정한 철학이야. 거짓 날개로 날고 아무 열매도 맺지 못하는 논쟁의 바람만 잔뜩 들어 허공을 빙빙 도는 철학이 아니라, 확실하고도 겸손한 걸음걸이로 한 발씩 위로 올라가는 철학이지.

　그러니까 내가 자네에게 이 편지를 쓰는 이유는 자네가 운명에 맞서 나날이 투쟁할 때 보호해 줄 지혜라는 좀 더 정교하고 커다란 성찰 없이도 잘살 수 있다고 말하려는 것이 아니라, 항상 준비된 적절한 무기로서 양날을 다 써도 될 만한 짧고 정확한 생각 모음을 십분 활용하게 하려는 거야.

　운명에 대항한 우리의 싸움은 두 가지야. 우리는 행복해도 불행해도 위험을 무릅쓰는 셈이기 때문이지. 하지만 보통 사람들은 한쪽 면밖에 모른다네. 이른바 '역경'이라 불리는 면 말이야. 양면을 다 아는 철학자는 흔히 불운이라는 한쪽 날이 다른 쪽 날, 즉 행운보다 더 위험하다고 생각하지. 아리스토텔레스는 『윤리학』에서 이런 유명한 말을 했지. "쾌락을 삼가는 것보다 불운을 견디는 것이 더 어렵다."[3] 세네카[4]도 『루킬리우스에게 보낸 편지』에서 이와 비슷한 말을 했어. 대체 내가 누구라고 이렇게 여러 위인의 말을 인용하는 건가? 다른 곳에서도 말했듯이 미덕이 갖가지 방식으로 논란이 된다는 것을, 미덕 중에 가장 까다로운 것이 항상 첫손 꼽히는 건 아니라는 것을, 그리고 절제—혹은 자제—가 다른 미덕보다 뒤에 온다는 것을 난 알지만, 여기서 우리의 두 가지 관심사인 행운과 불운 중에 행운에 저항하기가 불운에 저항하기보다 오히려 더 어려운 일이라고 생각해. 솔직히 말하면 때로 나는 불운이 무섭게 겁박할 때보다 행운이 방긋 미소 지을 때가 오히려 더 두렵다네. 이런 확신은 작가의 권위나 웅변의 유혹이나 배배 꼬인 궤변론에 의해 얻어진 것이 아니야. 살면서 직접 경험하고 예로 들 만한 경우를 눈으로 본 결과, 특히—이 일이 어렵다는 것이 입증되는 바가 이건데—그런 예가 드물기 때문에 이렇게 말할 수밖에 없는 거야. 재산을 잃고 가난해지거나 망명을 떠나거나 감옥에 가거나 죽거나 중병에 걸리거나 이보다 더 나쁜 상황에 처하고도 끈질기게 견뎌 낸 사람은 여기저기 많지만, 부나 명예나 권력에 저항한 사람은 한 명도 못 보았어. 그러니 내가 보기에 역경을 불러오는 운명에 맞서 싸워 이긴 사람은 운이 조금만 잘 풀리면 바로 장난감처럼 반대 방향으로 뒤집히지. 하지만 난 운명이 위협해도 부러지지 않고 쓰다듬어도 구부러지지 않는 굳건한 영혼을 지닌 사람도 보았네.

이런 운명의 두 얼굴이 다 두렵다 해도 우리는 행운과 불운 모두를 받아들여야 하네. 한쪽은 제동이 필요하고, 다른 한쪽은 위안이 필요해. 한쪽은 영혼이 격앙되지 않도록 억제해야 하고, 다른 한쪽은 온도를 높이고 지친 상태를 살살 달래 줘야 해.

사람에게 생기는 이런저런 마음의 병은 몸의 병이나 마찬가지로 말로 고칠 수 없다고 생각하는 사람이 많은 것 같아. 하지만 나는 마음에 찾아오는 보이지 않는 병에는 보이지 않는 약이 필요하다는 걸 아네. 그릇된 생각의 무게에 짓눌린 사람은 진정한 금언으로만 거기서 해방될 수 있지. 그러니 귀로 들어서 병이 난 사람은 다시 귀로 들어서 낫는 법이야.

서로 피로 연결된 영혼의 네 가지 정념—희망(혹은 욕망), 기쁨, 두려움, 고통, 서로 꼭 닮은 행운과 불운이 낳은 네 쌍둥이—이 인간 영혼을 양면에서 공격해 대는 모습을 바로 눈앞에서 보듯이, 자리를 굳건히 지키는 이성이 머리엔 투구를 쓰고 손엔 방패를 든 채 자기 지략과 힘만으로 혼자서 모든 공격에 대응하며 주위에서 발호하는 적을 깨부수는 것을 보듯이, 우리는 다음에 이어질 글을 읽어야 해.*

난 자네의 지성을 믿어. 어느 쪽에 승리가 돌아갈지 자네는 쉽게 판단할 수 있을 거야.

---

* 페트라르카는 이 글에서 여러 번 '~듯이'의 의미를 강조한다. 우의적 비유를 쓴 것, 그리고 정념과 순경과 역경을 고전적·스토아철학적으로 의인화한 것은 운명이라는 여신이 있다고 믿어야 한다는 뜻이 아니다. 여기서 '운명'이란 실체가 아니라 지상에서 일어나는 일을 다스리는 우연에 붙인 이름일 뿐이다.

한창나이

기쁨과 희망: 난 한창때야. 살날이 아직 많이 남았어.

이성: 그게 바로 유한한 인간이 품는 헛된 희망 중 으뜸가는 것이지. 그 희망이 수많은 사람을 속이고 또 속일 거야.

기쁨과 희망: 난 한창나이라니까.

이성: 그건 헛되고 짧은 기쁨이야. 우리가 그런 말을 하는 동안에도 꽃은 시들지.

기쁨과 희망: 내 인생은 그대로야.

이성: 그대로라고? 이미 많은 걸 잃었고 앞으로 살날이 얼마나 남았는지도 모르는데, 어떻게 그런 말을 할 수 있지?

기쁨과 희망: 하지만 살날에 대한 법칙은 분명히 있어.

이성: 그런 법칙은 누가 만든 거야? 법칙에 따르면 살날이 얼마나 남은 거지? 그건 더없이 불공평한 법칙이야. 척도가 만인에게 똑같이 적용되지 않기 때문이지. 정말 사람마다 너무 달라서 앞으로 살날이 얼마나 남았는지보다 더 불확실한 건 없으니까.

기쁨과 희망: 그래도 살날을 재는 올바른 척도는 있어.

배운 사람들이 정해 놓았지.

이성: 삶을 받아들이는 사람은 수명을 정할 수 없어. 하지만 알겠네. 자네는 "우리가 살날은 약 70년이고 아무리 정정한 사람이라도 80세 이상 사는 경우는 많지 않다"[5]고 생각하지. 바로 이 점, 나이가 들어 가는 사람에게나 걱정과 괴로움이 있을 거라는 점에 인간은 초점을 맞추지. "사람이 기껏 살아야 100년이다"라고 말하는 사람이 내심으론 이보다 더 오래 살고 싶어 수명을 100년 이상으로 잡지 않는다면 말이야. 그러나 실제로 100세까지 사는 사람은 거의 없어. 그리고 설령 모든 이가 그때까지 산다 한들 지금 자네에게 달라지는 건 뭐지?

기쁨과 희망: 달라지는 게 뭐냐고? 아주 큰 차이가 있지! 젊을 때는 사는 게 더 확실하고 늙음과 죽음에서 더 멀리 떨어져 있잖아.

이성: 그건 잘못된 생각이야. 사람에게 확실한 것이란 없지만, 인생에서 가장 위험한 게 바로 젊음이야. 젊다고 너무 안심해 무방비로 위험에 노출되거든. 삶과 죽음은 더없이 가까워. 그 둘을 가르는 거리가 한없이 멀긴 하지만 말이야. 삶은 끊임없이 휙 가 버리고, 죽음

이 끊임없이 가까이 조여든다네. 그러니 인간은 달아나도 가는 곳마다 기다리는 죽음을 다시 만나게 될 거야.

기쁨과 희망: 난 점점 나이 들고 있어.

이성: 나이를 믿지 마. 나이는 믿을 수 없는 것. 오르막을 올랐는가 하면 바로 내리막이야. 짧은 인생, 무력한 세월은 소리 없이 꿈처럼 장난처럼 흘러가 버려. 인생 초입에 들어설 때 얼마나 삶이 짧은지, 얼마나 시간이 빨리 가는지 알기만 한다면! 그런데 우린 그걸 인생이 끝날 때에야 알게 되지. 인생에 막 들어선 사람에겐 삶이 끝없어 보이지만, 인생을 하직하려는 사람은 삶이 아무것도 아님을 알아. 100년도 한순간이고, 잘못을 피하기엔 너무 늦었을 때만 그 잘못을 아는 거지.

기쁨과 희망: 내 삶엔 아직 따 모을 것이 많아.

이성: 삶이 시작되는 날부터 조각조각 다 빼앗기며 인생은 끊임없이 낫에 베이는 풀같이 난도질당하는데, 무슨 따 모을 것이 많겠나? 하늘은 끝없이 돌며 순간순간을, 매시간을 거두어 가고 매시간은 하루를, 하루는 또 다른 날을 쫓아내며 쉴 새 없이 그걸 따라간다네. 이렇게 몇 달이 지나고 몇 해가 지나다 보면 인생이 빨리도 흘러가는 거지. 키케로[6]의 말처럼 인생은 "휙휙 날

아가". 베르길리우스[7]의 표현대로 "퍼덕이는 날갯짓 한번 없이"[8] 말이야. 바다를 건널 때도 마찬가지야. 갑자기 부지불식간에, 때로는 생각지도 못했을 때 항해는 끝나 버리지.

외모

기쁨: 난 외모가 뛰어나.

이성: 외모는 세월만큼이나 지속되지 않는 것. 세월과 함께 왔다 세월과 함께 가 버리는 것. 그러니 할 수 있으면 시간을 흐르지 않도록 막아 보게. 그러면 외모도 지금 그대로 남아 있을 테니.

기쁨: 내 몸은 기막히게 멋지다고.

이성: 그러니 자넨 두 눈을 가리고 두 발을 묶고 날개는 몸에 찰싹 붙이고 있는 셈이지. 진실한 것을 가려내고 미덕을 좇고 정신이 공중을 훨훨 날게 하려면 어떡해야 할까? 연약하고 스러질 수 있는 것을 지켜 내고, 헛된 기쁨도 잘 지키라고. 나는 자네가 부럽지 않아. 자네는 마음속에 적을, 모든 적 중에 최악의 적을 감추고 있는 셈이야. 그 적은 아첨을 잘하고 매력도 있지. 자네는

그 적을 먹여 주고 재워 주고 있어. 자네의 평온한 마음과 시간을 빼앗아 가는 적을, 영원한 고문자이며 끝없이 말만 만들어 내는 작은 정념을 더 키우고, 사랑에도 미움에도 너른 길을 내어 주고 있단 말이야. 아마도 자네는 멋있으니 이성의 마음에 쏙 들겠지. 하지만 동성인 사람은 자네를 싫어하거나 적어도 경계할 거야. 외모만큼 열렬히 부러움을 사는 것도 없고 사람의 마음을 흔들어 놓는 것도 없지만, 또 외모만큼 남이 보기에 미심쩍은 것도 없어.

기쁨: 나같이 외모가 멋진 사람은 드물어.

이성: 하지만 얼굴의 이목구비와 좋은 혈색도 언젠가는 변할 거야. 숱 많던 머리칼은 빠지고, 남은 머리는 하얗게 세겠지. 부드러운 두 뺨과 평온한 이마에는 깊은 주름이 푹푹 팰 거야. 활기찬 불꽃이 타오르고 별처럼 반짝이던 그 눈도 어두운 구름이 덮인 듯 침침해질 거고. 상아색으로 반들반들하던 이는 검게 변하고 문제가 생겨 원래 색과 고른 모습을 잃을 거야. 꼿꼿하던 목덜미와 유연하던 어깨는 구부정해지고 섬세하던 목엔 주름이 자글자글해지겠지. 자네는 말라빠진 손과 비틀린 두 발이 내 손발이 맞나 의심하게 될 거야. 더 이상

무슨 말을 하겠나? 거울을 들여다봐도 더는 예전의 모습이 안 보일 때가 올걸. 그때 가서 아직 먼 줄만 알았던 괴상한 변화가 갑자기 나타난 데에 더럭 겁이 나 나를 찾아와 왜 진작 그 말을 해 주지 않았냐고 원망하지 말게. 바로 오늘 그걸 알려 주니 말이야. 이 모든 일은 삽시간에 닥쳐 올 거야. 자네가 지금 내 말을 믿는다면 나중에 외모가 변하더라도 덜 놀랄 거야.

기쁨: 하지만 지금 내 몸은 여전히 완벽하게 아름다운데.

이성: 마음*이 그렇게 아름답다면야 얼마나 좋겠나! 마음도 나름의 아름다움이 있는데, 그 아름다움은 몸의 아름다움보다 더 다정하고 확실하고 조화로우며, 부분끼리 균형을 이루는 고유의 법칙에 따라 세월이 가도 변치 않아. 자네가 선택해 정성껏 돌볼 만한 가치가 있고 세월이 가도 변치 않는 것, 병이 걸려도 혹은 죽어도 없어지지 않는 것이 바로 마음이지. 하지만 인간은 언젠간 없어질 유한한 것만 보고 감탄해.

기쁨: 나는 몸의 아름다움에 더해 마음의 미덕까지 갖추려고 노력해.

이성: 그렇게만 한다면야 자네는 정말 운명의 축복

---

* '영혼'이란 말을 여기선 '마음'으로 통일한다. 페트라르카는 열렬한 기독교도의 입장에서 글을 썼는데, 다른 종교와의 형평성을 위해 기독교적인 내용은 뺐다.

을 받은 자가 되겠지. 그로 인해 자네의 외모는 더욱 빛
나고 자네의 미덕은 매력을 더해 가겠지.

천재성**

기쁨: 난 예리한 지성을 소유하고 있어.

이성: 자네가 그걸 미덕에만 적용한다면 얼마나 좋
을까! 그 나머지 모두에 대해 한마디로 말하자면, 지성
이 예리할수록 더 망하는 쪽으로 가게 돼.

기쁨: 난 천재성을 항상 발휘할 준비가 되어 있어.

이성: 좋은 원칙을 계발하기 위해서도 예리한 지성
을 발휘한다면 지성은 자네 마음에 소중한 게 될 거야.
그렇지 않다면 지성은 짐 덩어리이고 위험이고 피곤만
자아낼 뿐이지.

기쁨: 내 지성은 날카롭게 벼려졌어.

이성: 천재성에서 정말 칭찬받을 만한 부분, 항상 지
속되는 부분은 날카로움이 아니라 규칙성과 지속성이
야. 나무를 자꾸 다듬으면 끝부분이 부러질 수 있어. 너
무 약해져 힘을 주면 바로 부러지지. 아무리 견고한 물
건이라도 너무 예리하게 다듬으면 망가지고 말아. 목

** Ingenium. 번역하기 어려운 이 말은 개인의 본래 입
장과 타고난 소질이 드러나는 정신의 특별한 장점을 가리
킨다. 따라서 여기서는 재능과 지성을 다 가리킨다고 볼 수
있다.

재를 날카롭게 갈다 보면 가장 딱딱한 끝부분에 이르게 되지.

　기쁨: 난 무엇보다도 예리한 지성을 소유하고 있어.

　이성: 극단을 함부로 남용하는 것만큼 지혜가 꺼리는 것도 없고, 철학자가 가장 두려워하는 건 소피스트야. 그래서 옛사람들은 신화에서 팔라스 아테나 여신이 거미를 싫어한다고 한 거지. 거미가 치는 거미줄은 섬세하고 미묘하긴 하지만 약하고 빨리 없어져 버리니까.* 예리한 지성은 칼끝 같아야 해. 날카로운 칼끝은 깊이 잘 들어가지만 적당할 때 멈출 줄도 알지.

　기쁨: 내 정신은 유연하고 민첩해.

　이성: 사람들은 검열자 카토[9]가 "탁월한 웅변가요 장군이며 상원의원이다"라고 했고, 그가 도시나 농촌에서나 연마하는 각종 예술에 소질이 있다고 했지.[10] 그리스인은 에파미논다스[11]에 대해 이렇게 말했고, 페르시아인은 키루스 왕자[12]에 대해 이런 말을 했어. 하지만 자네는 그 정신의 민첩함이 행여 조롱거리로 변하지 않게끔, 또 정신의 유연함이 경솔함과 변덕으로 변하지 않게끔 조심해야 해. 왜냐하면 한자리에 진득이 앉아

────────────

* 아테나 여신은 지성의 여신으로 글의 여신이기도 하며, 글이란 마치 베를 짜듯 '짜는' 것이다. 그리스 신화에는 아테나 여신이 베를 짜고 수놓는 데 뛰어난 재주를 가진 젊은 여성 아라크네를 질투해 그녀를 거미로 바꿔 평생 거미줄 속에 숨어 보이지 않게 만들어 버렸다는 일화가 있다.

40

있지 못하는 것과 가고 싶은 곳에 쉽게 가는 것 사이엔 분명 차이가 있으니까.

기쁨: 내 재능은 뛰어넘을 수 없어.

이성: 중요한 건 어떤 분야에서 뛰어넘을 수 없는지 아는 거야. 뛰어넘을 수 없다는 말은 뜻이 모호하거든. 어쨌든 자네 재능의 가치는 그것이 어느 쪽으로 발휘되느냐에 달려 있어. 그래서 예외적인 정신보다 선한 정신이 더 좋다는 말을 하는 거야. 왜냐하면 선한 정신은 악한 정신으로 변할 수 없지만, 예외적인 정신은 어디로 튈지 모르거든. 아닌 게 아니라 살루스티우스[13]는 카틸리나[14]를 두고 뛰어나고 예외적인 지성의 소유자이긴 하지만 나쁜 영향을 끼치고, 천재이긴 하지만 타락한 사람이라고 했지.

기쁨: 내 천재성은 위대해.

이성: 난 그 천재성이 무엇보다 선하고 겸손한 것이길 바라네. 위대함 자체도 미심쩍은 데다, 큰 잘못이나 불행을 가져오는 건 위대한 천재인 경우가 많거든.

기억력

기쁨: 난 무한한 기억력을 타고났어.

이성: 기억은 말썽이 생기는 넓은 거처인 데다 연기에 그을린 초상화가 걸려 있는 너른 응접실 같아서 불쾌한 것만 잔뜩 쌓여 있지.

기쁨: 내 기억 속엔 많은 것이 들어 있어.

이성: 그중에 기분 좋은 건 별로 없고 괴로운 것만 많지. 그리고 때로는 기쁜 일도 기억하면 어두운 일이 될 수 있어.

기쁨: 내 기억 속엔 갖가지 추억이 넘쳐나.

이성: 잘못한 기억, 나쁜 짓을 한 기억, 죄를 지은 기억, 수치스러운 기억, 실패한 기억, 고통스러운 기억, 괴로웠던 기억, 발작했던 기억, 이런 것을 꺼내 보면 어느 정도 기분이 좋을지 몰라도, 그건 지나간 불행이 생각나서가 아니라 현재가 행복하기 때문이야. 지금 아무 문제도 없고 안정되어 있다면 아무도 굳이 옛날에 힘들고 위험했던 일을 들추어내려 하지 않지. 가난했던 기억도 부자에게나 즐거운 추억이고, 병을 앓았던 기억도 병이 나은 사람에게나 즐거운 추억이야. 그러니 석방된

사람은 감옥을 기억하고, 풀려난 사람은 발목을 묶었던 사슬을 기억하고, 망명을 갔다 돌아온 사람은 망명지를 기억하는 법. 설령 지금은 명예로운 삶을 살더라도 단지 부끄럽다는 생각 때문에 과거에 대해선 쓸쓸한 기억만 남는 법이지. 평판보다 더 약하고 고쳐 쓸 수 없는 것은 없으니까 말이야.

기쁨: 난 온갖 것, 온갖 시절을 다 기억해.

이성: 기억을 곡식처럼 거둬들이면 말썽거리도 따라오는 법이야. 양심을 콕 찌르거나 양심에 상처를 주는 기억도 있지. 또 양심을 헷갈리게 하고 두렵게 하거나 깔아뭉개는 기억도 있어. 그래서 조용히 지난날을 회상하는 사람의 얼굴빛을 보면 붉으락푸르락해졌다 핼쑥해졌다 하는 거야. 심지어 최악의 인간도 종종 그래. 그래서 그런 사람의 행동거지를 보면 망설임이 많고 목소리엔 확신이 없네. 기억 때문에 마음이 시달린 표시가 완연하지.

기쁨: 적어도 내 기억력은 탄탄해.

이성: 기억이 무슨 목적을 가지며 무슨 쓸모가 있나? 기억에서 가끔은 즐거움을 찾을 수도 있겠지만, 무엇보다도 걱정거리가 찾아지겠지. 테미스토클레스[15]는 시

모니데스[16])가 막 지어낸 기억술을 사람들이 가르쳐 주겠다고 하자 차라리 망각의 기술을 배우는 게 낫겠다고 대답했고, 이 말은 맞네. 물론 우리는 그가 본래 믿을 수 없을 만큼 기억력이 좋아, 무한한 사물의 이미지와 말이 기억에 가득한 자기 이야기를 한 거라고 생각할 수도 있어. 그렇지만 그의 대답은 거의 누구나 할 만한 말이야. 그만큼 우리는 잊어야 할 것을 많이 기억하고, 또 기억해야 할 것을 많이 잊어버리는 게 사실이니까. 인간은 잊어야 할 문제에 관해서만 기억력을 발휘하고, 본성의 한계와 싸우면서 예술의 도움을 받아 점점 더 미쳐만 가네.

기쁨: 내 기억력은 전능해.

이성: 전능하다니? 그보다는 '아주 능하다'는 말을 하려는 거겠지. 하지만 자네 기억이 그렇게 괄목할 만한 힘—물론 호기심보다는 나은 힘—을 갖고 있다면, 자네가 잘못한 것은 기억하고, 유리한 것은 잘 담아 두고, 기분 좋기보다는 유용한 것을 열심히 주워 모았으면 하네.

기쁨: 내 기억력은 탁월해.

이성: 탁월한 것보다 더 좋은 건 없지. 하지만 남이

자네 말을 믿길 바란다면 오직 탁월한 것만 간직한다는 걸 보여 줘야 해. 지은 죄를 기억하며 뉘우치게. 죽음을 기억하며 순순히 받아들이게.

언변

기쁨: 내 말재주는 더할 나위 없이 찬란해.

이성: 솔직히 말해 그건 영광을 위해선 좋은 무기이지만 모호한 무기이자 양날의 칼이지. 어떻게 쓰느냐에 달렸어.

기쁨: 내 말은 콸콸 흐르는 급류 같아서 모든 걸 떠내려 보낼 수 있어.

이성: 때로는 어리석고 부정직한 자의 언변을 미친 사람의 손에 들린 칼에 비유하는데, 이는 맞는 말이야. 대중 앞에선 이런 사람이나 저런 사람이나 무기를 안 드는 게 좋지.

기쁨: 내가 펼치는 말솜씨는 더없이 화려해.

이성: 그건 여러 가지 의미로 들리는데. 태양 빛도 화려하지만 활활 타는 불도 화려하지.

기쁨: 내 언변은 번쩍번쩍해.

이성: 누가 세상을 떠났다는 걸 알리는 혜성도, 적이 손에 쥔 양날의 칼도, 전투 때 쓰는 투구도 번쩍거리긴 해.

기쁨: 난 언변이 좋다고.

이성: "그는 언변은 꽤 좋았지만 지혜는 너무 부족했다."[17] 이것이 살루스티우스가 중범죄인을 묘사한 말이야. 또한 그는 언변이 좋았지만 영광을 얻으려 하지 않았어. 그걸 '언변'이라고 부를 수 있다면 말이야. 뛰어난 사람은 언변이 그저 말재주일 뿐이라고 했지. 진정한 연사, 즉 언변의 달인은 선한 사람일 수밖에 없어. 선한 사람은 현명한 사람이라는 전제하에 말이지. 자네는 무조건 격한 말투만 쓰면 연사의 영광을 얻고 언변이 좋다는 걸 입증할 수 있는 줄 알지. 격한 말투는 당돌한 자와 경솔한 자 혹은 당돌하고 경솔한 언어 습관이 있는 사람에게나 풍성해 보이는 거야. 자네 생각은 잘못됐네. 올바른 사람만이 아니라 흉악범에게서도 유창한 말투, 풍부한 표현, 심지어 능숙한 기술을 찾아볼 수 있어. 자네가 찾는 건 선한 사람만이 가진 특질이야. 선한 사람 중에서도 전부가 아니라 소수만. 그래서 악한 사람은 누구도 이 영광을 차지하지 못하지. 악한 사람에겐 영광에 필요한 영혼의 자질―미덕과 지혜―이 부족하거든.

이런 것이 아직도 이해가 안 된다면 이 문제에 대한 두 가지 정의를 기억하게. 하나는 카토가, 다른 하나는 키케로가 내린 정의야. 카토는 이렇게 말했어. "연사란 말을 할 줄 아는 선한 사람이다."[18] 그리고 키케로는 "언변이란 말을 많이 하는 지혜일 뿐이다"[19]라고 말했지.

미덕

기쁨: 내 영혼의 미덕은 커.

이성: 미덕은 크다고 생각할수록 더 작을지도 모르니 조심하게.

기쁨: 내가 가진 미덕은 위기를 맞으면 발휘되지.

이성: 미덕이란 이미 이루어진 일이 아닌 앞으로 해야 할 일에, 그리고 이미 갖고 있는 것이 아닌 지금 부족한 것에 매달리는 거야. 그래서 미덕은 공적을 자랑하기보다 지금 추구하는 것이 무언지를 걱정하지. 미덕은 뭔가 욕심스러운 데가 있거나 욕심과 닮은 데가 있다고까지 말하고 싶네. 미덕은 계속 목이 마르고 매일같이 활활 타오르지. 정복하면 할수록 더욱더 빈곤하다 느끼고 갈증이 커져. 미덕이 바라는 바는 끝이 없어서, 미덕

을 위해 공적을 쌓아 봤자 한도 끝도 없어.

기쁨: 내 미덕은 보통 사람 이상이야.

이성: 그건 미덕이라기보다 오만의 표현이 아닌가 싶군.

기쁨: 내 미덕은 예외적이야.

이성: 미덕은 떠벌리는 버릇이 없고 스스로에게 감탄하는 습관도 없고, 반대로 남을 흉내 내는 버릇이 있어. 그래서 끊임없이 숨 가쁘게 달려 좀 더 높은 곳에 오르길 열망하며 스스로를 남과 비교해 가치가 없다고 평가하지.

기쁨: 내 미덕은 완성됐어.

이성: 미덕은 결코 스스로에 대해 그런 판단을 내리지 않고, 자기 확신을 하지 않으며, 아무것도 자랑하지 않아. 미덕은 이 시간이 승리의 시간이 아니라 전투의 시간임을 알기에 잠들지 않고 항상 움직이지. 마치 투쟁이 이제 막 시작된 것처럼 미덕은 늘 칼을 들고 있지. 사람이 완성되어 모든 면에서 나무랄 데가 없다고 생각한다면, 그건 미덕이 하는 일이 아니라 오히려 미덕에 장애가 되고 미덕과 반대되는 오류야. 내 말을 믿게. 정상에 잘못 올랐다고 여기는 사람은 틀렸어. 우선 지금

자신이 있다고 생각하는 곳에 있는 게 아니기 때문에, 그리고 길을 잘못 알아 그때까지 밟아 온 길을 버렸기 때문에, 또 아직까지 갖지 못한 것을 이미 손에 넣은 줄 알고 얻을 수 있었던 것을 일부러 놓치기 때문에 완성됐다는 생각이 발전에 제일 어긋나는 거야. 자기가 이미 이루었다고 생각하는 바를 이루려고 부심하는 사람은 없어. 큰일을 시작했다 벌써 아주 높은 곳까지 올라간 사람들이 이런 오류 때문에 중도에 길을 멈추는 경우가 많지.

기쁨: 난 인간이 가질 수 있는 만큼의 많은 미덕을 가지고 있어.

이성: 자네의 한평생을 살펴보며 왜 그런 언행과 생각을 하게 되었는지 스스로 엄격한 심판이 되어 하루하루 자문해 본다면, 아직도 마음속에 얼마나 빈자리가 많으며 어떤 자리에 악덕이 자리 잡고 있는지 훤히 보일 거야.

기쁨: 난 적어도 미덕이 조금은 있어.

이성: 그것도 남들이 판단해야지. 설령 미덕이 조금 있다 해도 그게 기쁨의 끝은 아니야. 여전히 인생의 온갖 위험에 둘러싸여 있으니 온전히 기뻐할 때는 아니지.

고통을 겪으면 어떡하나 하는 두려움이 있는 한 기쁨은 나중에나 기대할 수 있어.

미덕에 관한 생각

기쁨: 내가 뭘 하든 사람들은 날 좋게 생각해.

이성: 여론 때문에 실상이 달라질 일은 없어.

기쁨: 사람들은 내가 착하다고 해. 이건 사람들의 의견이야.

이성: 여론이 뭔들 상상하지 못하겠나! 하지만 좋든 나쁘든 마음속에서 일어나는 일은 여론이나 수다로 바뀌지 않아. 세상 사람 모두가 자네를 착하다고 해도 자네가 실제로는 착하지 않을 수도 있어.

기쁨: 나와 동시대 사람들은 날 좋게 생각해.

이성: 중요한 건 사람들이 자네를 어떻게 생각하느냐가 아니라 자네가 사람들을 어떻게 생각하느냐야.

기쁨: 사람들은 날 좋게 말한다고.

이성: 사람들의 말을 믿지 말게. 그들은 무슨 말을 하는지도 모르고 입이 근질근질해 양쪽에 다 좋은 소리로 거짓말을 하기도 하니까. 그러다 보니 그것이 제2의 천

성이 되었어.

기쁨: 내 이웃들은 날 좋게 말해.

이성: 자네의 그럴듯한 말과 많은 재산에 끌려서 그러는 거야. 그들이 자네에게 뭘 바라는 게 아니라면 말이지. 좋아한다는 사람도, 뭘 바란다는 사람도 믿지 말게.

기쁨: 이웃들은 내 이름을 칭송해.

이성: 그들은 서로를 속이고 또 자네를 속이는 거야.

기쁨: 난 선한 사람으로 통해.

이성: 그러니까 실은 선한 사람이 아니란 말이지. 선한 사람은 자기만족을 하지 않고 비난을 안 해.

기쁨: 난 내가 좋은 사람 같고, 남들도 다 그렇게 말해.

이성: 그 희망이 헛되지 않기를. 자네가 달리 행동해 행여 자네에게 희망을 품은 사람들을 실망시킬까 봐 내가 부끄럽네.

기쁨: 사람들은 날 칭송해.

이성: 자네는 마른 땅에 시든 나무를 심은 격이야.

기쁨: 하지만 배운 사람들도 날 아주 좋게 생각한다니까.

이성: 그런 칭송이 정당하다면 사람들은 계속 칭송만 하겠지. 키케로의 말처럼 "참된 영광은 그대의 뿌리까지 내려가 널리 뻗어 나가지만, 가짜 행동은 재빨리 작은 꽃처럼 시들어" 버리네.

기쁨: 모든 대중이 날 칭송해.

이성: 다시 한번 말하겠네. 대중이 생각하는 바는 텅 비었어. 대중의 말은 전부 거짓이고, 대중이 단죄하는 것은 전부 선하고, 대중이 동의하는 것은 전부 나쁘고, 대중이 좋다는 것은 전부 파렴치하고, 대중이 하는 짓은 전부 어리석어. 이젠 가서 미친 사람의 수다에서나 영광을 찾게.

지혜

기쁨: 난 지혜를 얻었어.

이성: 대단한 일이야. 진정한 지혜라면, 미덕과 떼어 놓을 수 없는 지혜라면 말이야. 자네가 미덕을 지녔다는 걸 보여 줄 수 있다면 지혜도 있다고 인정하지. 미덕이나 지혜를 지녔다는 평판이 그것 자체보다 더 얻기 쉬운 법이야.

기쁨: 난 지혜로워.

이성: 그렇지만 자네가 정말 지혜롭다면 그런 말은 안 할걸. 지혜로운 자란 자기에게 아직도 지혜가 부족하다는 걸 아는 자야. 그러니 진정 현명한 사람은 자기가 지혜롭다고 자랑하지 않고, 다만 지혜에 따라 숨을 쉴 뿐이지.

기쁨: 나는 지혜롭다고 공언해.

이성: 지혜롭다고 공언하는 사람의 수만큼 진짜 지혜로운 현자가 있다면 좋겠지. 그건 한편으론 세상에서 제일 어려운 일이고, 또 한편으론 가장 쉬운 일이기도 해.

기쁨: 나는 공부해서 지혜를 얻은 거야.

이성: 보통 공부해서 지혜를 얻지. 하지만 자네가 과연 진정으로 지혜를 얻은 건지 자문해 보게. 지혜란 다른 기술처럼 몇 년 공부한다고 쉽사리 얻어지는 게 아니야. 아무리 오래 걸리더라도 필생의 노력을 기울여야 비로소 얻을 수 있는 거지. 아침부터 종일 달려 저녁에 목적지에 이른 사람이 그만 기진맥진해서 쓰러지고 말았다지. 나는 플라톤의 가장 유명한 말 중 하나인 이 말을 좋아하는데, 키케로도 마음에 들어했지. "늙어서도 지혜를 얻는 데 성공한 사람은 행복하여라. 그리고 바

른 견해를 가진 사람은 행복하여라." 자네가 도중에 그런 사람들을 만났다거나 아무도 모를 날개 달린 말을 타고 제시간보다 먼저 목표에 이르렀다는 것, 그리고 그렇게 단시간에 현자가 됐다는 것은 상당히 미심쩍어 보이네.

기쁨: 난 지혜를 마음껏 받아들였어.

이성: 돈을, 그리고 다른 많은 것을 갈망하는 것이 나쁜 만큼이나 지혜를 갈망하는 것은 좋은 일이야. 하지만 자네가 과연 그렇게 큰 시혜를 받을 만한 그릇이 되는지 생각해 보게. 사도바울이 이런 말을 하지 않았던가? "아직 나는 지혜를 다 파악했다고 생각지 않는다."[20] 바로 이거네, 현명한 사람의 특징은. 자신의 불완전함을 보고 고백하는 거라고.

기쁨: 누구나 내 지혜를 칭찬해.

이성: 그건 자네의 명성엔 도움이 되겠지만 지혜엔 전혀 도움이 안 돼. 그렇지만 '지혜로운 사람'이라는 호칭을 부여하는 방법은 지극히 자유로운데, 자네는 지혜를 얻는답시고 문학적 영광의 칭호에 의존한다는 느낌이 들어. 사람들은 현자가 아닌 사람을 현자로 탈바꿈시킬 뿐만 아니라 그런 사람을 두고 더없이 '걸출하다'

는 둥 '뛰어나다'는 둥 하면서 그중 가장 겸손한 사람에게까지 '평온'하고 '유명'하다는 딱지를 붙이지. 그러다 보니 나중에는 단순히 현자라는 호칭—사실 이 호칭을 붙일 만한 사람도 극히 적은데—이 붙는 것만으로도 창피해지는 거야. 호칭은 화려하지만 그 호칭에 둘러싸인 사람은 오히려 힘을 잃지. 펜으로 글을 써서 그런 호칭을 얻은 사람은 자기가 거짓말을 하고 있다는 걸 잘 알아. 하지만 거짓말을 해서라도 허울을 유지하고 싶어하지. 그들이 진실하고 여전히 진실 속에 머문다고 확신하며 글을 읽는 사람들은 대중의 오류에 빠진 셈이야. 자기가 누군지 자신에게 묻는 사람은 아무도 없어. 문제는 자기 자신인데 남에게만 의존하는 거지. 자네가 지혜로운지 알고 싶은가? 뒤를 돌아보게. 살아오면서 몇 번이나 비틀거렸는지, 몇 번이나 길을 잃었는지, 몇 번이나 장애물에 부딪혀 넘어졌는지, 부끄럽고 괴롭고 후회하는 행동은 얼마나 했는지 기억해 보게. 그러고도 감히 말할 수 있다면 해 보게, 자네가 지혜롭다고. 아마 말하지 못할걸.

자유

기쁨: 난 자유롭게 태어났어.

이성: 자유롭게 태어난 게 아니라 자유롭게 죽는 거지. 운명은 방금 태어난 사람에겐 뭐든 할 수 있지만, 방금 죽은 사람에겐 아무것도 할 수 없어. 운명은 가장 방비가 잘된 도시를 공격하고 많은 병사를 풀어 아주 강력한 왕국마저 뒤집어 놓지. 하지만 무덤은 탈취할 수 없는 성채야. 그곳은 벌레가 지배하지 운명이 지배하지 않아. 그러니 그 문턱을 넘어선 자만이 이승에서 삶이 인간에게 준비해 놓은 운명의 타격을 피할 수 있지. 자네는 자유롭다고 자랑하지만, 무덤은 그만두고 당장 오늘 밤 침대에 누워서도 자네가 자유로울 수 있을지 모르겠군. 인간이 말하는 자유란 가느다란 실에 매달려 있네. 인간이 자랑으로 삼는 모든 것처럼 자유 역시 위태롭게 흔들리고, 언제 실이 끊어질지 모르는 거야.

기쁨: 난 자유로워.

이성: 왜 자네가 스스로 자유롭다고 하는지 알 것 같네. 스승이 없어서야. 그래도 세네카의 말을 들어 보게. "그대는 아직 젊다. 언젠가 그대도 노예를 두게 되리라.

헤카베[21]가 몇 살에 노예가 됐는지 모르는가? 크로이소스[22], 다리우스의 모친, 플라톤, 디오게네스[23]는?" 시팍스[24]와 유구르타[25] ─ 왕족으로 최고 권좌에서 사슬에 묶인 노예 신세로 전락한 인물 ─를 기억한다면, 마케도니아[26]와 누미디아[27]의 왕들은 과연 뭐라고 할까? 옛 왕들의 전락이야 논외로 치더라도, 이 시대에도 권좌에서 감옥으로 전락한 사람이 여럿 있고 겨우 한 시간 만에 왕이 노예가 되는 꼴도 우린 보지 않았나. 자유를 제한당해 누구보다 괴로워한 사람은 자유를 가장 구가했던 사람이야. 그러니 지금 자유롭다고 자랑하지 말게. 갑자기 그 자유에서, 또 왕좌에서 노예 상태로 급전 직하할 수 있으니 말이야. 그리고 놀라지 말게. "반대로 노예가 왕이 될 수도 있다. 그만큼 사람의 운명은 매 순간 바뀌고 하늘 아래 영원한 것은 없다"라는 플라톤의 말은 맞네. 이런 회오리바람 속에서 어떤 것이든 그 모습 그대로 확고하게 남아 있길 누군들 바랄 수 있겠나?

자네가 스승이 없고, 고귀한 신분의 부모 밑에서 태어나고, 전쟁에 징집되지 않고, 마음대로 살 수 있다 하여 자유롭다고 생각지 말게. 인간의 영혼에는 보이지 않는 스승이 있고, 이 감춰진 독약은 태초부터 있던 거야. 인간은 태어나자마자 본성상 죄에 노출되지. 이보다 더 무거운 예속을 상상할 수 있겠나? 인간에겐 숨어 있는 적도 있고 비밀 전쟁도 있겠지만, 개중엔 장사꾼도 있고 각자 즐기는 일도 있어 가엾은 사람들이 그런대로 즐거움을 얻을 수 있겠지. 그런데 인간은 애석하게도 그런 사람들을 싼값에 나쁜 주인에게 넘기지. 그 주인은 풀이 죽은 상태의 인간을 넘겨받아 부술 수 없는 사슬을 채우지. 이제 잘해 보게. 자네가 자유로운 신분임을 기뻐하란 말이야. 인간은 맹목적이라 그저 육체적인 것밖에 못 보지. 유한한 인간인 주인만 시중드는 사람은 노예 취급을 하고, 죽지 않는 수많은 폭군에게 복종하는 사람은 자유롭다고 보는 거야. 자네가 하는 일의 나머지가 다 그만큼 어리석어. 사실 인간을 자유롭게 하는 건 운명이 아니라 미덕인 것을.

기쁨: 난 자유로워.

이성: 자네가 신중하고 올바르고 용감하고 겸손하고 무구하고 경건하기만 하다면, 자넨 전적으로 자유롭네. 이런 미덕이 없으면 그만큼 자유도 없어질 거야.

책이 많은 것

기쁨: 난 책이 아주 많아.

이성: 마침 이 주제로 얘기하려 했는데 잘됐네. 배우려고 책을 찾는 사람도 있고 남에게 보여 주는 게 좋아서 책을 찾는 사람도 있어. 책으로 실내를 장식하는 사람도 있고. 사실 책은 겉이 아니라 속을 장식하라고 있는 건데 말이야. 그런 사람들은 코린토스산産 도자기 화병, 그림, 조각상, 또 앞에서 말한 다른 가구처럼 책을 사용하지. 자기 욕심을 채우려고 책을 사들이는 사람도 있어. 이것이 최악이지. 왜냐하면 그런 사람들은 책의 진가를 모르고 책을 상품처럼만 취급하니까. 이건 최근에 휩쓸었던 몹쓸 페스트 같은 버릇으로, 얼마 전부터 책이란 오로지 부자의 욕심에 새로운 도구와 새로운 영역을 부여하기 위해서만 슬그머니 그들의 관심사가 된 것 같아.

기쁨: 난 방대한 총서를 갖고 있어.

이성: 책은 무거운 짐이지만, 책을 가지면 기분은 아주 좋아! 책을 많이 갖고 있다는 건 기분 좋고 재밌는 일이야.

기쁨: 난 책이 엄청나게 많아.

이성: 그럼 할 일도 엄청 많겠네. 자네 정신은 계속 이 책 저 책에 치여 쉴 틈이 없고, 머릿속엔 이런저런 주제가 가득하겠군. 내가 뭐라고 하겠는가? 책을 읽는 사람은 지식을 얻기도 하지만, 책이 너무 많아 미쳐 버리는 사람도 있다네. 소화할 수 있는 양보다 더 많이 삼켰을 때는 위나 정신이나 마찬가지야. 토하면 배가 고프기보다는 아프게 마련이지.

기쁨: 내겐 값을 매길 수 없을 만큼 가치 높은 총서가 있어.

이성: 이집트의 왕 프톨레마이오스 필라델푸스가 세운 알렉산드리아도서관에 있다는 4만여 부의 장서보다 더 많은가? 곳곳에서 오랫동안 많은 노력을 기울여 수집한 그 책들이 다 불타 버렸네. 게다가 교양이 한없이 많지만 더 쌓길 원했고, 많은 편지를 받았지만 서재에 꽂혀 있는 책이 더 많았던 세레누스 사모니쿠스[28]에게는 책이 6만 2천 권가량 있었다고 어디선가 읽었지. 이건 철학자를 서적상으로 만들어 버리는 이상한 취향이야! 내 말을 믿게. 이건 글로 정신을 함양하는 것이 아니라 숫자로 정신을 압도해 아무것도 맛보지 못하고 그저

욕심만 내게 함으로써, 자료의 무게 아래 정신을 깔아 뭉개고 파묻는 셈이자 물이 넘치는데도 갈증을 채우지 못해 죽은 탄탈로스[29)가 당한 것과 비슷한 고문을 정신에 가하는 셈이네.

기쁨: 우리 집에는 헤아릴 수 없이 많은 책이 있어.

이성: 또 수많은 오류도 있지. 오류는 불경한 자에게서 생긴 것도 있고 무식한 자에게서 생긴 것도 있어. 종교, 경건함, 성경에는 불경한 오류가 없고 자연, 정의, 풍습, 자유로운 학문, 역사 그리고 지나간 사건의 정확성에는 무식한 오류가 없지. 어쨌든 모든 오류는 진리를 공격해. 불경한 오류와 무식한 오류 사이에서 출발하는 것은 어렵고 위험한 일이야. 특히 전자는 더 위험하지. 그릇된 것과 참된 것이 복잡하게 뒤섞이거든.

서기의 무능과 서투름을 고칠 수 있는 저자가 나무랄 데 없이 훌륭하다는 것은 사실이지만, 누가 모든 걸 망치고 뒤섞어 놓지? 내 생각엔 이런 두려움 때문에 그들이 시도할 수 있었던 위대한 작품의 잘 알려진 장점을 제대로 안 보고 우회하게 되는 것 같아. 우리가 살아온 세월, 모든 것 중 가장 비생산적인 그것의 가치가 바로 이거(이런 두려움)지. 사람들은 요리에만 정신이 팔려 글로 쓰인 것은 뒷전이고, 작가가 쓴 작품보다는 유명 요리사의 요리만 비평하지. 티투스 리비우스[30]나 키케로나 많은 고대의 유명 저자—특히 옛사람 플리니우스[31]—가 오늘날 다시 살아나 자기 작품을 읽는다면, 뭔가가 이해될까? 아마 구절마다 걸려 넘어지고, 마치 남의 글이나 야만인의 작품을 대하는 줄 알 걸세.

지금까지 살아남은 성경을 제외한 작품들로 말하자면, 가장 고귀한 책들은 사라졌어. 대부분이 이미 없어졌지. 이런 손실은 메울 수도 없어. 왜냐하면 사람들이 손실을 느끼지도 못하니까.

기쁨: 난 상당수의 책을 소유하고 있어.

이성: 하지만 자네의 마음이 그 책들을 담을 만큼 크지 않다면 어쩔 건가? 집에 있는 책의 내용을 다 안다고 확신하는 사람들이 있지. 대화에 무슨 주제가 나오건 그들은 이렇게 주장해. "그것에 관해서는 내 책장에 있는 이러이러한 책에 나와." 그러면서 이거면 충분하다고, 책 내용이 머릿속에 있는 거나 책 속에 있는 거나 마찬가지라고 생각하며 눈을 치켜뜨고 입을 다물어 버리지. 우스운 사람들 같으니!

기쁨: 내가 가진 책은 공부에 큰 도움이 돼.

이성: 책이 장애물이 되지 않게 조심하게. 때론 병사가 너무 많아도 승리에 해롭듯 공부할 때 책이 너무 많아도 방해가 되곤 하네. 그러니까 과유불급인 경우도 생기는 거야. 물론 책을 너무 많이 버려서는 안 되고, 따로 두고 가장 좋은 책만 참조해야지. 그렇게 하면 책을 함부로 보지 않게 될 거야. 책은 때맞춰 읽으면 아주 유용할 수 있거든.

기쁨: 난 온갖 종류의 책을 갖고 있어.

이성: 나그네가 너무 여러 갈래로 갈라진 길 앞에 서면 종종 길을 잃지. 하나뿐인 오솔길을 따라 아무 두려움 없이 걸어온 사람은 갈림길을 만나면 망설여. 그리고 서너 개의 길이 나오면 더욱더 잘못 생각할 위험이 있지. 이처럼 유용한 책 한 권을 읽은 사람이 쓸데없이 여러 권을 또 뒤적거리는 경우가 많아. 학자라도 몇 권이면 되는데, 수많은 책의 내용을 다 알아야 한다는 건 배우는 사람에겐 큰 짐이야. 책을 너무 많이 소유하는 건 학생에게나 선생에게나 해로운 일이네. 무거운 걸 쉽게 떠받치려면 넓은 어깨가 필요한 법이지.

기쁨: 난 가치 있는 책을 엄청나게 모아 놓았어.

이성: 책에서 영광을 끌어내고 싶다면 다른 길을 가

야 하네. 책의 내용을 알아야지 소유만 하면 뭘 하나. 책을 서가보다는 기억 속에 정리해 놓게. 책장보다는 뇌에 넣어 놓으란 말이야. 내 말이 틀렸다면, 숱한 책이 꽂힌 책장이나 많은 책을 파는 서적상이 누구보다 유명해야 하지 않겠나?

기쁨: 난 훌륭한 총서를 갖고 있어.

이성: 자네는 책을 되는대로 꽂아 놓고 있지. 책이 서가에서 빠져나와 자유롭게 말할 수 있다면 아마도 지금 사설 감옥에 불법적으로 갇혀 있다고 할 것이고, 그 말이 맞아. 책은 여러 가지를 보고 속상해서 소리 없이 울겠지만, 특히 열정 많은 학생에게 없는 책이 무식한 구두쇠 집에는 잔뜩 쌓여 있는 것을 보고 우는 일이 많을 거야.

작가라는 명성

기쁨: 난 책을 쓰고 있어. 이 사실을 어떻게 생각해?

이성: 이 얼마나 널리 퍼져 있는 병인가. 전염병이고 불치병이야. 너도나도 작가라고들 하지. 정말 작가라고 부를 만한 사람은 거의 없는데 말이야. 한 사람이 이

런 작가병에 걸렸다 하면 여럿이 감염되지. 하지만 누굴 부러워하는 것과 그처럼 진짜 행동으로 옮기는 것은 전혀 다른 일이야. 이처럼 조금씩 작가병에 걸린 환자 수는 늘어나고 병은 점점 깊어만 가지. 글쓰기에 매달리는 사람은 매일 늘어나는데 그들은 갈수록 글을 더 못 써. 그만큼 "일정 목표에 이르는 것보다는 남을 따라가는 것이 더 쉬운" 법이지. 히브리 현자의 말을 들어보게. "책을 여러 권 쓴다는 건 끝이 없는 일이다."[32] 이 금언은 잘 알려져 있고 종종 확인된 바 있지만 지금만큼 명확하게 확인된 적은 없어.

기쁨: 난 책을 쓴다니까.

이성: 만약 사람들이 자기 한계를 받아들이고 유한한 인간의 무모함 때문에 끊임없이 깨지는 사물의 자연스러운 질서를 존중한다면, 쓸 줄 아는 사람만 쓰고 그렇지 못한 사람은 그 글을 읽고 듣겠지. 그러니까 이해하는 즐거움이 정신에 중요치 않아서, 사람들이 책 세 줄만 이해하면—혹은 이해했다고 생각하면—잘난 척하며 펜을 들고 당장 책을 쓸 수 있다고 착각하는 것일까? 누구나 키케로의 이 말을 기억했으면 해. 『투스쿨룸 대화』의 서두에 나오는 말이지. "사람은 자기 생각을 멋지

게 표현할 수 없어도 올바르게 생각할 수는 있다. 하지만 계획을 세우거나 멋진 표현을 쓰거나 기분 좋은 필체로 독자를 휘어잡을 능력이 없다고 해서 자기 생각을 글로 쓸 시도를 아예 안 하는 것은 남는 시간과 문학을 멍청하게 낭비하는 짓이다."

이미 앞에서 본 바와 같이 남의 작품을 필사하는 사람이 문학에 큰 위험을 초래한다면, 새로운 작품을 쓰는 사람은 어떻게 생각해야 할까? 또 그 수상쩍고 비난받을 만한 가르침으로 세상을 헷갈리게 만드는 사람은? 그래도 이런 사람은 피해가 덜한데, 거칠고 다듬어지지 않은 문체로 독자에게 충격을 주어 그들의 작품에서 헛되이 재능을 찾으려는 것이 시간 낭비이고 피곤하고 곤란한 일일 뿐이라는 확신이 들게끔 하는 사람은?

키케로 시대에는 드물었던 것이 지금은 흔해 빠졌어. 개나 소나 글을 쓰지. 누구나 작가처럼 글을 쓸 자유가 있다고 하니까. 그리하여 소위 저자라는 사람은 어리석은 글을 쓰라고 서로 격려하며 부추기고 남의 작품을 칭찬함으로써 잘못 칭찬한 자들의 칭송을 받으려 한다네. 그래서 우리의 작가들은 후안무치하게 되고 상황은 아리송해지는 거지. 그러니 단지 글을 쓴다는 것만 갖고 자랑하지 말기를!

기쁨: 난 책을 쓴다니까!

이성: 책을 읽고 읽은 내용을 삶의 규칙으로 삼으면 좋을 거야. 글을 알아도 행동으로 옮기지 않으면 소용없고, 뭐든 말보다는 행동으로 드러나는 거야. 그렇지 않다면 성경에 쓰인 "학식은 점점 부푼다"[33)]라는 말을 확인하고 깜짝 놀랄걸. 사물에 대한 명료하고 생생한 지성, 중요한 많은 것을 술술 외우는 기술, 빼어난 표현력, 솜씨 있게 글을 쓰고 조화롭게 읽는 능력, 만약 살면서 이런 재능을 갖고 아무 일도 안 한다면, 이 모든 건 다 뭐지? 남에게 뽐내기 위한 공허한 도구, 결실도 맺지 못하고 공연히 시끄럽기만 한 노동이 아니면 뭐겠나?

기쁨: 난 책을 써.

이성: 차라리 정원을 가꾸고 가축을 먹이고 천을 짜고 바다에 나가 노를 젓게. 아마 이런 일을 하는 것이 글을 쓰는 것보다 더 쓸모 있을 거야. 본성상 기계적으로 할 수 있는 기술에 종사해야 할 많은 사람이 본의 아니게 자기 의견과 달리 철학자가 되지! 반대로 철학할 소질을 타고났지만 초원이나 시골에서 태어나 운명적으로 장인匠人의 나무 의자나 노 젓는 이의 자리에 붙박여

일생을 보내는 사람도 많아. 그래서 그 원인을 모르는 사람은 깜짝 놀라겠지만, 바다와 시골 한복판에서, 숲속이나 작업장에서 생생하고 수준 높은 정신의 소유자를 발견할 수 있지. 반면 학교에 몸담고 있는 사람들은 힘도 없고 생기도 없어. 그만큼 자연을 이기기란 불가능하진 않더라도 어려운 거야.

　　기쁨: 난 열심히 글을 써.

　　이성: 자네 말고도 많은 사람이 예전에 그랬지. 더 열심히 썼어. 그들의 열의가 스러져 다른 사람의 책에서 언급되지 않으면, 그들이 한때 글을 썼다는 것조차 이젠 몰라. 유한한 인간이 한 일 중에서 불멸인 것은 없는 법이야.

　　기쁨: 난 많이 써.

　　이성: 우리나 고대 그리스인 중에서 글을 쓴 사람과 그 주제를 전부 열거한다면 명단이 길겠지. 하지만 그중 누구의 작품도 운명이 망치지 않고 그대로 살려 둔 경우는 없어. 몇몇 작품만 사라지는 경우도 있고, 대부분이 사라지는 경우도 있고, 또 작품 전체가 없어지는 경우도 있지. 자네 작품이 나중에 어떻게 될지 누가 알겠나.

기쁨: 그래도 난 쓰고, 쓰는 게 유일한 즐거움이야.

이성: 정신의 훈련 삼아 남을 위해 그리고 스스로도 알기 위해 글을 쓰는 거라면, 또 시간의 흐름을 잊기 위해, 과거를 떠올려 현재가 지긋지긋하다는 생각에서 벗어나기 위해 쓰는 거라면 용서하지. 하지만 글을 써서 은밀한 불치병의 아픔을 달래려는 것이라면 자네는 불쌍한 사람이네. 도저히 쓰지 않을 수 없어서 글을 쓰는 사람도 있다는 걸 정녕 모른단 말인가? 마치 비탈에서 굴러떨어질 때 머리가 먼저 땅에 닿듯 그들은 아무리 그만 쓰려 애써도 계속 글을 쓰게 된다네.

기쁨: 내가 계속 글을 쓰도록 만드는 힘엔 도저히 저항할 수 없어.

이성: 우울은 무한한 형태로 나타날 수 있지. 그걸 돌을 던져 해결하는 사람도 있고 글을 써서 해결하는 사람도 있어. 글을 써서 해결한다면 미치기 시작하는 징조라네. 돌을 던지면 그걸로 끝이지만 말이야.

기쁨: 난 많이 썼고, 지금도 여전히 쓰고 있어.

이성: 미래 세대에게 도움이 될 글을 쓰는 거라면 그 이상 아름다운 일도 없지. 하지만 알량한 명성을 얻으려 쓰는 거라면 그 이상 헛된 것이 없어.

기쁨: 난 많이 썼어.

이성: 놀라운 광기야! 종이 값이 치솟았으니 놀랍지 뭔가!

기쁨: 난 글을 쓰고 글로 영광을 얻었으면 해.

이성: 내가 말했지, 차라리 밭을 갈라고. 땅을 갈아 엎어. 그리고 수확을 기다리게. 바람에다 씨를 뿌리는 것보다는 땅에 뿌리는 게 더 확실하니 말이야. 글로 명성을 추구하고 글쓰기에 집착한 몇몇 저자는 비록 본인은 유명해졌지만 수없이 많은 어리석은 자를 비참한 노년에 이르게 했고, 말만 많은 벌거숭이 대중에게 그 어리석은 자를 구경거리로 보여 주었어. 보게, 인간이 글을 쓰는 동안 다른 더 나은 일을 할 수도 있었을 시간이 속절없이 흘러가 버렸어. 후끈 달아서, 잠에 취해서. 인간 자신은 모르지만 어느새 노년과 빈곤이 찾아와―너무 늦었지!―단잠을 깨우지.

기쁨: 하지만 난 영광에 목말라 글을 써.

이성: 열심히 일한 대가로 공기를 원하다니, 참 이상한 욕망이군! 난 뱃사람이나 바람이 잠잠해지길 기도하는 줄 알았지.

친구가 많은 것

기쁨: 난 많은 사람과 우정을 쌓았어.

이성: 놀라워! 누구나 친구를 못 가진 게 유일한 한이고, 수백 년 전부터 역사상 둘씩 맺어진 친구를 손꼽을 정도인데, 자넨 친구가 많다니 말이야.

기쁨: 그래서 난 우정 문제에선 행복해.

이성: 자네가 다른 일에서 불행해진 적이 없다면, 지금 행복한지는 모를 일이야. 행복한 사람은 과연 남도 자기를 좋아하는지 결코 알 수 없다는 말도 있잖나?

기쁨: 하지만 내 친구들은 확실히 날 좋아해.

이성: 그럼 불행할 때는 어떤가? 역경에 처해야 진정한 친구를 알 수 있다는 말도 있지 않나?

기쁨: 난 친구가 많아.

이성: 다시 한번 말하지만 그건 잘못된 우정이야. 아니면 적어도 철학자의 말처럼 불완전한 우정이거나. 아닌 게 아니라 자네는 언젠가 이런 친구 때문에는 기쁠 거고 또 저런 친구 때문에는 울어야 할 거야. 혹은 두 친구 사이에 미움이 싹터 둘 중 한 명을 선택하거나 배신하거나 둘 다 버려야 하는 처지가 될지도 몰라.

기쁨: 내겐 쓸모 있고 매력적인 친구가 많아.

이성: 이젠 천박한 형태의 우정으로 내려가고 있군. 그런 친구도 동시에 아주 많진 않을 거야. 그들이 한 번 돈을 내면 이쪽에서도 내야 할 거고 그들을 자주 절친하게 대접해 줘야 하니, 안 그래도 어렵고 큰일을 하느라 바쁜 자네 같은 사람에겐 그것만 해도 참기 힘든 노력이겠지.

기쁨: 내게 도움이 되는 친구도 있고, 날 웃겨 주는 친구도 있어.

이성: 우정의 바탕이 쾌락이나 이익이라면 그 우정은 덧없는 거야. 쾌락이나 이익이 오래간대도 우정은 위태롭고, 그것이 사라지면 우정도 무너져 버리지. 이런 일은 가끔 생기기도 하고 매우 잦기도 하다네. 거의 필연적인 결과니까. 우정 자체가 운과 나이와 매력 있는 외모 등 믿지 못할 모든 것과 연결돼 있지. 반대로 미덕에 바탕을 둔 우정은 영원불멸해. 미덕 자체가 아리스토텔레스의 말에 따르면 "지속적이고 견고한 것"이며 오래가고 없어지지 않는 것이니까.[34] 그러니 살아 있을 때 명예로웠기에 사람들이 좋아한 사람은 고인이 되었어도 계속 좋아하게 된다네.

기쁨: 내가 아는 한 내 친구들은 내게 충실해.

이성: 그 생각이 틀릴 수도 있다는 걸 알아야 해. 그러니 안심하지 말게. 종종 어떤 일은 생각해 보면 달콤한데 직접 당해 보면 쓰디쓴 경우가 너무나 많거든.

기쁨: 난 좋은 친구를 뒀다고 생각해.

이성: 그런 생각이 왜 드는지 끊임없이 자문해 보게. 그리고 특히 자네가 친구를 얼마나 좋아하는지도 말이야. 사실 많은 사람이 친구를 좋아하지 않으면서도 남은 자길 좋아한다고 생각하지. 이것은 자만의 극치야. 자기도 좋아해야만 얻을 수 있는 게 사랑인데, 돈 얼마면 사랑을 사들일 수 있다는 게 부자라면 다 하는 잘못된 생각이지. 아름다운 영혼은 세상에서 제일 고귀한 거야. 향초로 만든 묘약도 마법 주문도 그런 영혼엔 가닿을 수 없어. 황금도 보석도, 심지어 칼도 그런 영혼은 건드릴 수 없지. 자기가 좋아하고 헌신해야만 그런 영혼을 가진 친구를 얻을 수 있네. 사랑할 줄 알았던 사람의 말, 내 마음에도 들었지만 세네카도 좋아했던 명언을 들어 보게. 그리스 철학자 헤카톤의 말이야. "사랑받고 싶으면 남을 사랑하라."

그런데 사랑으로도 안 될 때가 있지. 사람의 마음

에는 가닿을 수 없는 깊은 동굴이 숱하게 많은 법이고, 모질고 비인간적이고 융통성이 없어 자기 좋다는 사람을 뿌리치거나 미워하는 사람은 아무도 없어. 그런 사람은 진실한 감정으로 사랑에 보답하는 법이 없지. 반면 아무리 잔인한 야생동물도 사랑에는 진실한 감정으로 보답해. 이보다 더 나쁜 것은 그런 사람이 남의 비위를 맞추는 태도를 보고 화를 낸다는 거야. 마지막으로, 아무리 믿을 수 없는 말처럼 들릴지라도, 그런 사람의 마음속에 사랑은 미움만 불러일으킨다네. 살다 보면 인간적인 순진함에 가해지는 가장 위험하고도 심각한 위협이 바로 이거야.

기쁨: 난 친구가 많아.

이성: 친구라기보다 측근이나 밥친구 혹은 술친구겠지. 자네가 아무하고나 한 상에 앉는 한 그런 사람은 많을 거야. 하지만 진짜 친구는 항상 소수이거나 전혀 없을 때도 많지. 때론 친구라 불리던 사람이 사실은 자네가 집에서 재워 주는 적인 경우도 있어. 배신의 극치이지. 이처럼 자네의 절친한 친구가 헌신의 너울을 쓰고 겉으로는 친구인 척 함정을 파기도 한다네.

기쁨: 난 필요한 것보다 더 친구가 많아.

이성: 내 말을 믿게. 자넨 모르겠나, 친구라고 공언하는 사람이 모두 진짜 친구라면 이 세상은 지금보다 좀 더 순수하고 평온하리라는 것을 말이야.

기쁨: 난 친구가 한 명 있어.

이성: 그럼 친구가 많은 거야. 단 한 명의 친구보다 더 소중한 건 없고 더 드문 것도 없지.

사랑과 연애

기쁨: 난 행복한 사랑을 하고 있어.

이성: 자넨 그러니까 아름다운 함정에 빠진 거야.

기쁨: 난 행복한 사랑으로 불타올라.

이성: 불타오른다고? 정말 그러네. 사랑은 감춰진 불이자 행복한 상처, 맛 좋은 독약, 감미로운 쓰디씀, 기꺼이 앓는 병, 기분 좋은 고통, 유혹적인 죽음이지.

기쁨: 난 사랑하고 사랑받고 있어.

이성: 사랑하는 건 확실히 맞아. 그런데 사랑받는 건 아니야. 한밤중에 애인이 속삭이는 말을 그대로 믿는 게 아니라면 말이야.

기쁨: 난 사랑받고 있다는 걸 알겠어.

이성: 보아하니 애인한테서 그런 확신을 받은 모양이군. 사랑받고 싶은데 자기가 사랑받고 있다고 생각하는 것보다 더 쉬운 일이 어디 있겠나? 사랑에 빠진 사람은 언제나 눈이 먼 것처럼 앞을 못 보고 상대방의 말을 그대로 믿지. 만약 자네가 믿을 만한 사랑의 서약을 하고 싶다면, 애인에게 곧 녹아내릴 눈 위에 쓴 서약서에 서명하라고 하게. 증인은 남풍南風이고 말이야. 하지만 사랑에 빠지면 제정신이 아니게 되니, 애인은 절대 믿지 말게. 특히 가벼운 사람은 그 열정, 경박함, 습성과 취향과 거짓말을 잘하는 습관 때문에 입 밖에 내는 모든 말을 의심해 보기에 충분해.

기쁨: 난 사랑 때문에 마음이 즐겁고 기뻐서 온몸이 불타오르는 것 같아.

이성: 사랑의 달인이 한 말을 들려줄까? "즐기라. 행복한 사랑으로 몸을 활활 불태우라. 그리고 바람이 불면 부는 대로 가라."[35] 이는 지혜가 아니라 관능이 하는 말이야. 내 조언은 이와 전혀 다르네. 이 불이 달콤해 보일수록 활활 다 태워 버리는 화재를 조심해야 해. 우리를 유혹하는 사랑이라는 병만큼 위험한 병은 다시 없어. 때론 끔찍한 종말이 와서 이 달콤한 맛이 졸지에 쓴맛으

로 변해 버릴 수도 있거든.

기쁨: 난 사랑하고 사랑받고 있다니까.

이성: 그렇다면 그건 이중의 족쇄 아닌가? 매듭이 단단할수록 풀기 어려워. 자네를 위해서는 혼자만 사랑하고 보답은 바라지 않는 것이 좋겠어. 성공이 의지를 지탱해 주고 난관이 있으면 의지가 더 자극되는 법이니, 때로는 사랑에서 난관이 성공만큼이나 해롭다는 말도 있지. 하지만 내 생각으론 사랑받는다는 사실이 무엇보다도 사랑을 부추기며, 반대로 현재 사랑받지 못한다는 사실을 알고 앞으로도 결코 사랑받지 못하리라고 생각하면 사랑에서 확실히 돌아서게 되지. 사랑에 빠진 사람의 맹목적이고 열정적인 마음속에 사랑받지 못할 거란 생각이 들어서기는 쉽지 않겠지만 말이야. 사랑에 빠진 사람은 "연인은 스스로 망상거리를 만들어 낸다"[36]라고 읊은 그런 부류에 속하니까.

기쁨: 난 기꺼이 사랑하는 거야.

이성: 자기 병을 느끼지 못하는 사람은 그저 마비가 온 사람일 뿐이지만, 병을 즐기는 사람은 정신 나간 사람이지.

기쁨: 솔직히 내게 사랑한다는 건 즐거움이야.

이성: 차라리 사랑한다는 게 자네에게 괴로움이고 짐이면 좋으련만. 그러면 병이 더 빨리 나을 테고 더 빠른 쾌유를 바랄 수 있을 테니까. 하지만 병에서 기분 좋음을 느끼면 병이 더 심해지지. 기쁜 마음으로 앓는 병은 한사코 낫지 않는 법이야.

기쁨: 그럴 수도 있지. 하지만 내겐 사랑하는 게 고귀한 일인걸.

이성: 사랑에 대해선 저마다 자기 생각대로 말하지. 내겐 반대로 사랑은 예속 상태요 약점이라 아무리 강한 사람도 사랑 때문에 나약해지고 힘을 뺏길 수 있어.

기쁨: 난 사랑하고 있어. 자네가 사랑은 몹쓸 거라고 한다면, 미움에 대해서는 뭐라고 말하겠나?

이성: 그런 의미에서라면 난 사랑도 미움도 다 몹쓸 거라고 말하겠어. 그 반대 항이 나쁜 것이라는 핑계로 둘 중 한쪽이 좋다고 보는 것도 아니야. 사랑과 미움은 양극단으로, 중간에 있는 미덕과 거리를 두고 있지. 사랑도 미움도 다 나빠.

기쁨: 그럼 사랑이 병이라고? 솔직히 말해 이 병보다 더 좋은 것은 없다고 봐.

이성: 자네 성격으로 봐서 그 말을 곧이곧대로 믿고

싶네만, 자네가 그렇게 생각한다고 해서 상황이 달라지는 건 아니야.

기쁨: 그럼 미움을 좋아하는 사람은 실컷 미워하라고 해. 난 사랑할 테니.

이성: 사랑과 미움은 그 자체로는 좋은 것도 나쁜 것도 아니야. 사실 악덕을 싫어하고 미덕을 좋아하는 것이 모두 칭찬받을 일인 것처럼, 반대로 미덕을 싫어하고 악덕을 좋아하는 것은 몹쓸 짓이지. 보통 그 자체로 높이 평가받거나 비난받을 만해서 조금만 고치면 찬사가 비난으로 뒤바뀌는 일이란 찾기 어려울 거야.

기쁨: 그럼 남들이 좋아하는 것 말고 뭘 좋아하란 말이지?

이성: 누구나 같은 것을 좋아하는 건 아니지. 신을 열렬히 사랑해 신을 위해서라면 모든 걸―자기 몸과 목숨까지도―희생하고도 행복해하는 사람이 있어. 또 그렇게 수준 높은 차원은 아닐지라도 오직 미덕만을 추구하거나 조국을 위해 몸 바치는 사람도 있고. 그런 사람이 헤아릴 수 없이 많지만 않다면 일일이 이름을 대련만……

기쁨: 난 어쨌든 사랑한다고. 용서하게.

이성: 공격당한 자에게 용서를 청해야 하는 거라면, 자네만이 스스로를 용서할 수 있어. 자넨 자신만 아프게 하잖나. 한심한 사람! 이렇게 약한 쪽배를 어느 암초로 끌고 가려 하나?

기쁨: 난 이렇게 사는 게 좋아. 이렇게 살지 말아야 할 이유도 없고.

이성: 물고기를 낚는 것은 불행한 일이고 낚시를 즐기는 것은 그보다 더 나쁜 일이네. 그리고 자기가 낚은 것을 정당화하고 낚시를 좋아하는 건 더 나빠. 하지만 최악인 것은 쾌락을 추구하면서 지금 잘하고 있다고 확신하는 거지.

기쁨: 난 사랑해. 달리 어떻게 할 수가 없고, 그러고 싶지도 않아.

이성: 원한다면 얼마든지 사랑할 수 있어. 아마 세월이 가면 더하겠지. 특히 이 병에는 그렇게 찾아도 찾아지지 않던 치료제가 가끔 가다 저절로 나오기도 하지.

기쁨: 어떤 날이 온대도 난 사랑 없인 못 살 거야.

이성: 맘대로 해! 즐기고, 미친 짓을 하고, 맘껏 꿈을 꾸라고! 꿈에서 깨어나면 엉엉 울게 될 테니.

기쁨: 아니, 울지 않을 거야. 난 노래하고, 사랑하는

사람들이 하듯 시를 지어 위안받을 거야.

평온

기쁨: 하던 일을 잘 정리해 놨으니 이제는 맘 푹 놓고 살 수 있어.

이성: 자네의 마음은 배와 같아서 대양의 거친 파도를 벗어났다고 좋아하지. 하지만 배나 마찬가지로 삶의 걱정거리에서 벗어났다 해도 마음은 또다시 괴로움과 두려움의 항구에 갇히게 마련이야! 그러니 만사를 두려워해야 하는 때가 바로 지금이네. 인간사에서 안정된 건 아무것도 없다는 걸 자넨 모르나? 구르는 바퀴 위 높은 자리에 앉았던 사람은 제일 떨어지기 쉽지.

기쁨: 난 모든 것을 살폈고, 물건도 엄청나게 많이 준비해 두었어.

이성: 그럴 것 같아. 자네가 기다리던, 물건을 잔뜩 실은 배가 항구에 들어왔어. 자네는 안전해. 집도 지었고, 땅도 갈아 놓았고, 포도나무 가지도 쳤고, 밭에 물도 대 놓았고, 보리를 추수할 타작마당도 확보해 놓았고, 나무도 심었고, 강에 물길도 냈고, 울타리도 단단히

손봤고, 비둘기 집도 지어 놓았지. 또 가축은 유유히 풀을 뜯고, 벌은 벌집에 있고, 씨는 이랑에 잘 뿌려져 있어. 새로 배에 실은 물건은 항구에 잘 도착했고, 자네가 얻을 이득은 확실한 곳에 모여 있어. 궤짝은 가득 찼고, 집은 유복하게 잘 관리되고, 방은 멋지게 장식되어 있고, 헛간엔 곡식이 가득하고, 포도주 창고는 넘쳐나. 딸에겐 지참금을 듬뿍 챙겨 주었고, 아들에겐 배필을 찾아 주었고, 칭찬을 잔뜩 들어 대중의 인기도 얻었고, 모두 자네 말에 꼼짝 못해. 즉 자넨 부와 명예로 가는 확실한 탄탄대로를 닦은 거야.

복 많은 사람! 이젠 누리기만 하면 돼. 이게 바로 자네가 내린 결론 아닌가? 그런데 내 결론은 다르네. 이제는 죽을 일만 남았어. 그동안 힘들여 얻은 것을 한가롭게 누리는 사람은 아주 드물어! 힘들게 일하는 고통은 길고 이득은 잠깐이야.

기쁨: 나 하고 싶은 대로 일생이 흘러갔어. 난 그게 기뻐.

이성: 그러니 이제는 죽을 때야. 슬퍼서 죽은 사람보다 기뻐서 죽은 사람이 더 많아. 그래서 이 사실을 아는 모든 사람, 특히 가장 행복한 사람에겐 죽음이 바람직

한 거야. 자네 마음에 죽음이 항상 있고, 특히 상황이 좋을 때는 더욱 그랬으면 해. 언젠가 죽는다는 이 생각이 다른 사람에게도 제동制動 역할을 했으면 좋겠어.

기쁨: 난 힘들었어. 이젠 쉬고 있지.

이성: 인간은 모두 쉬고 싶어하지. 그 생각은 잘못이야. 인생은 그렇게 사용하는 게 아니고, 인생의 끝은 인간의 계획과 맞아떨어지지 않아. 자네가 누리는 휴식은 잠깐이거나 헛것이거나, 더 확실하게는 둘 다야. 어떻게 이승에서 휴식을 꿈꿀 수 있나? 발목에 사슬이 묶인 패잔병은 노예가 되어 자유롭게 풀려날 날을 꿈꾸고, 환자는 치유를 꿈꾸지. 배고파 죽을 지경인 사람은 자면서 푸짐하게 차려진 잔칫상을 꿈꿔. 하지만 마지막 날이 찾아와 이런 꿈을 단번에 날려 버리지. 그러니 인간의 삶을 가득 채운 꿈과 오류에 부디 속아 넘어가지 말게. 이승에서 휴식을 스스로에게 약속하지 말라고. 내 말을 믿게, 힘든 일을 마친 사람에게 유일한 휴식은 죽음이야.

기쁨: 내 눈에 쓸모 있어 보이는 모든 걸 난 맘대로 할 수 있어.

이성: 물질적인 것으로 말하자면, 필요 이상인 것은

전부 잉여야. 하지만 이게 바로 인간 영혼의 특징이지. 매일 하늘로 올라가고 싶다고 하면서도 열심히 자진해서 무거운 짐을 지거나, 때론 이 짐을 가볍게 덜어 내야겠다고 주장하지. 이 이상한 짐을 지느라 허리가 휘어 정상에 다다랐다고 믿는 순간 그만 밑으로 떨어져 버려. 그러면 하늘에 오르긴커녕 손에 쥐는 건 땅의 흙밖에 없어.

기쁨: 내 일은 끝났어. 드디어 이제 걱정 없이 살 수 있게 됐어.

이성: 마치 새가 올무와 끈끈이 붙은 가지 사이를 걱정 없이 날듯이, 물고기가 낚싯바늘 사이에서 노닐듯이, 야생동물이 함정에 빠지지 않고 그 사이에서 할 일을 하듯이 말인가. 우린 제일 위험한 곳을 제일 덜 두려워하는 경우가 많지. 운명의 꾀가 바로 이거야. 여유 있게 자네에게 충격을 가하려고 운명은 두려움을 해제시키는 법이야.

기쁨: 난 살다가 필요한 모든 경우에 쓸 만큼 많은 재물을 집에 모아 두었어.

이성: 말은 그렇게 하지만, 죽음이 견딜 수 없는 것이 될 만큼이겠지. 머지않아 자네의 침대 주변에 떼 지어

달려와 난리를 피울 의사의 수입이야 보장되겠지. 그다음은 유산에 마음이 있는 사람들 순서이고. 기쁨을 애써 억누르고 짐짓 우는 척하며 여전히 숨 쉬는 것을 말없이 욕하고 왜 빨리 죽지 않느냐고 하는 사람들이 있을 거야. 그런 자들은 자네의 황금빛 시체에 곧장 몸을 던질 기세로 위급한 순간을 기다리며 사망진단을 욕심스레 기대할 거야. 사실 자네가 사방에서 사람들을 불러 모으는 게 도움은 되겠지만, 더 잘사는 데 도움이 되는 게 아니라 더 많은 사람에게 둘러싸여 죽는 데 도움이 될 뿐이네. 자네의 힘든 일은 아예 사라진 게 아니야. 머리맡을 지키는 사람도, 호화로운 관도, 절차에 맞는 장례도 있을 테지. 자넨 아무 부족함이 없을 거야.

기쁨: 난 모든 걸 생각해 두었고, 확실히 지금은 잘살게 됐어.

이성: 더없이 약하고 덧없는 희망을 간직한 둥지를 지은 거지. 그 둥지는 채 커지기도 전에 휙 날아가 버릴 거야. 어둡고 텅 빈 중심부만 남기고. 둥지는 깃털로 된 바닥 부분을 그대로 둔 채 없어져 버리는 경우가 많지.

권력

기쁨: 난 권력이 아주 세.

이성: 그러니 자네를 질투하는 사람이 많겠군.

기쁨: 난 권력이 강해.

이성: 그만큼 두려워할 만한 위험도 많지.

기쁨: 난 막대한 권력을 휘두르는 우두머리 자리에 있어.

이성: 그럼 할 일도 끝없이 많고 걱정도 한이 없겠네.

기쁨: 난 권력이 커.

이성: 권력이 클수록 사람들이 자네에게 기어오를 거야.

기쁨: 난 내 몫의 권력이 있어.

이성: 권력이 클수록, 그리고 권력이 미미한 사람에게 나약하게 달라붙는 운명을 제압할수록 권력은 좋은 먹이를 고르기 수월할 거야. 나무가 잔뜩 쌓여 있으면 불은 더 활활 타오르게 마련이지. 더 번성하고 역경으로 열린 길도 더 넓고 말이야. 한때 가장 행복한 사람으로 여겨졌던 누군가가 불행의 바닥을 치는 일은 자주 있는 일은 아닐 거야.

기쁨: 난 하고 싶은 건 다 할 수 있어.

이성: 되도록 나쁜 일을 원하지는 않도록 조심하게. 그리고 권력이 클수록 할 일은 많아지고 자유는 적어진다네.

기쁨: 무기와 부가 부여하는 권력이 내겐 있어.

이성: 참다운 권력, 오래가는 권력은 미덕에 바탕을 두는데, 만약 바탕이 없으면 높이가 높을수록 위험해지지. 집에 부를, 즉 헛간에는 수확한 곡식을 쌓아 놓고 바다에는 배를 죽 띄워 놓으면 뭐 하나? 그러는 동안 가까운 적이 자네의 정신을 사로잡아 멋대로 위축시킨다면 말이네. 자네가 권력자라고 공언해 주었으면 좋겠나? 적을 제압하고, 자네만의 경계境界를 흐트러뜨리고, 분노와 욕심과 정념을 이기고, 자네의 영광과 정신의 적인 자기 자신을 이겨 내게. 남을 이기고 자신의 정념을 이기는 권력이란 과연 무엇일까?

기쁨: 하지만 내 권력의 바탕은 단단해.

이성: 자네의 삶 자체가 끊임없이 변하는데 어떻게 그것이 가능하겠나? 어리석은 사람아, 자네는 지금 권력의 힘으로 잔뜩 부풀어 있지만, 자네의 권력은 위험에 노출되어 있어. 입을 뗄 여유도 없이 순식간에 변하

는 자연의 신비로운 힘 때문에, 작은 짐승이나 인간말
짜나 가장 경멸받는 인간이 물어뜯은 자국 때문에 힘센
저명인사가 몰락하는 일도 있어.

　기쁨: 내 권력은 감탄스러울 만큼 잘 자리 잡았어.

　이성: 어디에 자리 잡았지? 모래 위에? 물결 위에?
바람 위에? 아니면 사람들 말대로 운명의 수레바퀴에?
친구여, 바탕이 불안정한 그런 믿음을 버리게. 이승에
서 잘 자리 잡은 권력이란 없네. 역설처럼 들릴지 몰라
도, 내 생각을 자네에게 말하는 것을 막을 어떤 권력도
힘을 발휘할 수 없지.

영광

　기쁨: 나는 막대한 영광을 얻었어.

　이성: 유한한 영광이라는 것을 어떻게 위대하다고
할 수 있는지 난 모르겠어. 자네가 사는 시간과 장소를
잘 재어 본다면, 거기서 대단한 영광은 얻을 수 없다는
걸 인정할 텐데. 땅 전체가 한 점일 뿐이고, 그 대부분은
자연 때문에 사람이 살 수 없는 곳이며 우연 때문에 접
근 불가능한 곳이 되었다는 말로 반론하진 않겠네. 지

금 이 시간은 한 점보다도 작고, 게다가 불안정하고 너무 빨리 지나가 도저히 마음이 붙들 수 없는 것이야. 시간의 나머지 두 부분, 즉 과거와 미래로 말하자면 그 둘은 항상 없으며 자네에게 부담이 되네. 하나는 기억이 안 나서 그렇고, 또 하나는 기대하는 마음에 걱정이 돼서 그렇다네. 마찬가지로 큰비나 가뭄이나 역병이 휩쓸고 하늘이나 땅이 워낙 혹독하거나 너무 넘쳐흐르는 바람에 시간이 온통 흔들리고 조각나서 한 시대가 다음 시대에 아무것도 남겨 주지 못하는 일도 있지. 시간이나 공간이나 마찬가지야. 어떤 곳에선 잘 알려진 것을 지척에선 아무도 모르는 경우도 있어. 자네에게는 그저 이 말만 하겠네. 이런 것은 어디서나 있는 일이며, 인간의 영광, 땅 위의 영광이 기껏해야 얼마나 위대할 수 있는지를 명확히 보여 주지.

기쁨: 내 조건에서 바랄 수 있는 영광은 다 얻었어.

이성: 만약 자네가 그런 영광을 누릴 만한 사람이 아니라면 그 영광이 짧았으면 해! 그 영광이 자네가 누릴 만한 거라면 기뻐하게! 영광을 누리는 것을 기뻐하라는 게 아니라, 자네가 그런 영광을 받을 만한 사람이라는 것을 기뻐하란 말이네.

기쁨: 난 영광을 추구했어.

이성: 영광은 선행을 통해서만 추구할 수 있는 거지. 그러니 자네의 명성이 어디서 왔는지를 봐. 그러면 그 영광이 진짜인지 알게 될 거야. 우연히 얻은 명성이라면, 우연이 그 명성을 되찾아갈 거야.

기쁨: 내 영광은 크다고.

이성: 자네가 진짜인 줄 아는 그 영광이 실은 겉만 화려할 뿐인 가짜 영광이 아닌지 조심해. 인간사의 모든 곳을 환상이 지배하니까.

기쁨: 내 영광은 대단해.

이성: 가난한 자가 사람들을 속이려고 짐짓 돈이 많은 척하는 것처럼 비겁한 자도 매우 용감한 척한다네. 하지만 사람들이 뭐라 하든 가난한 사람도 비겁한 사람도 다 잘 알고 있지. 전자는 자기 지갑에 돈이 얼마나 있는지, 후자는 자기 마음에 미덕이 얼마나 있는지를.

기쁨: 내 영광은 어마어마해.

이성: 자네가 미덕이 있어 그런 영광을 누리는 거라면 신중하게 그것을 쓰게. 행여 오만 때문에 영광에 흠이 생기지 않게 말이야.

기쁨: 내 영광은 찬란히 빛나.

이성: 그 영광을 받을 만한 사람이 되도록 노력해. 아니면 자네 것이 아닌 그 무거운 의상을 벗어 버리게. 거짓 옷을 입느니 차라리 영광 없이 사는 게 나아. 진정한 영광은 아주 힘들게만 지켜지는 법. 거짓 영광에서 뭘 바라겠나? 어떤 역할을 한다는 건 쉬운 일이 아니지만, 무엇보다 어려운 건 어디서든 누가 보더라도 똑같아야 한다는 거네. 정말 영광스러운 사람은 드문데, 음험하고 샘 많은 무리는 그런 사람을 싫어하지. 자신과 다르니까. 주변에 온통 함정과 적뿐일 때 몸을 숨기기는 어려워. 상대를 꼭 맞히겠다고 표적으로 삼아 겨냥하는 이들을 눈 감아 버릴 수는 없으니까.

기쁨: 난 영광에 싸여 나타나지.

이성: 아마 영광을 감추는 게 좋을 거야. 그게 더 확실한 방법일걸. 경박한 것을 주로 노래한 시인도 이런 말을 할 때는 진지했다네. "행복하게 살려면 숨어 삽시다."[37]

기쁨: 난 유명하고, 누구나 알고, 눈에 아주 잘 띄어.

이성: 창백한 선망은 은신처에 은근슬쩍 스며들어 속속들이 뒤진다네. 남의 눈에 많이 띄는 사람이 이런 시샘을 안 받을 것 같은가? 만인에게 노출되어 이득을

본 사람이 별로 없는 이유가 뭐겠나? 잘 알려졌다는 평판 때문에 괴로워하지 않은 사람이 왜 그리 드물까? 클라우디아누스의 유명한 말을 생각해 보게. "자꾸 나서면 평판이 안 좋아진다"[38]는 말이 사실이라면, 악명 때문에 없어질 수 없는 것이 뭐가 있겠나? 사람은 보통 겉 다르고 속 다르지.

기쁨: 난 겉으로 봐도 영광스러워.

이성: 자넬 감싼 그 공허한 구름 속에 자넨 숨어 있는 거야. 거기서 잠시 나올 일이 생긴다면 거짓 영광이 부끄러운 만큼이나 나온 것도 부끄러울 거야.

기쁨: 하지만 내 영광은 진짜야.

이성: 그건 누구도 자네보다 더 잘 알 수 없지. 자네가 공정한 판사의 눈으로 스스로를 판단할 수 있다면 말이지만. 정말이지 현자는 영광이 어느 정도는 미덕의 그림자이길 바란다네. 미덕은 영광을 따라다니고 뒤쫓고 때로는 영광보다 앞서가기도 하지. 뛰어난 청소년이 미덕이 채 완성되기도 전에 성인에게 때 이른 희망을 불러일으켜 유명해지는 것도 이와 같아. 이 영광이 그물코가 되어 너그럽고 겸손한 영혼을 부추기고 고양시켜 동시대인이 바라는 바가 실현되도록 한다네. 하지만 어

리석은 자와 잘난 척하는 이는 끝내 파멸하지. 이렇게 해서 총명하던 청소년이 어둠침침한 노인으로 변하는 거야. 칭송은 현자에게는 유용하지만 어리석은 자에겐 해롭다네. 그림자가 혼자 존재할 수 없다는 걸 자넨 아는가? 그림자는 무언가의 그림자여야만 하지. 자네의 영광이 진짜 영광이었으면 좋겠나? 부디 자네의 미덕이 진짜이고 탄탄했으면 해.

복수

기쁨: 나의 적을 이 두 손으로 해치웠어. 드디어 복수할 기회가 온 거지.

이성: 그건 복수가 아니라 자네가 분노의 노예인지 관용의 친구인지를 직접 경험해 본 거야. 자네가 둘 중에 하나를 선택할 수 없다면 이것도 불확실하지만 말이야. 많은 사람이 자기 실체를 잘못 알고 있어. 이런 경험을 직접 해 봐야 비로소 알 수 있지.

기쁨: 난 반격을 가할 수 있고, 이보다 더 달콤한 건 없어.

이성: 분노보다 더 쓴 것은 없는데, 어떻게 그걸 달콤

하다 할 수 있는지. 그게 달콤한 거라면, 인간이 아닌 짐승에게나 어울리는 야생적인 단맛이겠지. 짐승 중에서도 더없이 사납고 잔인한 짐승에게나 맞는.

기쁨: 복수는 명예로운 거야.

이성: 자비심은 훨씬 더 명예롭네. 너그럽게 용서해 유명해진 사람은 많아도 복수해서 유명해진 사람은 없어. 인간 사이에 용서보다 더 필요한 건 없고, 이보다 더 인간에게 잘 맞는 것도 없네. 죄가 없는 사람도 없고 하루 동안 자비심을 베풀어선 안 될 사람도 없지. 자비심이 없다면 그 많은 죄와 과오로 맺힌 매듭을 누가 풀 것이며, 인간 사회의 지켜지지 않은 약속은 누가 다시 원상 복구할 것인가? 인간은 자기들끼리 끊임없이 싸울 것이며, 신의 분노가 인간을 상대로 전쟁을 선포할 거야. 죄와 벌이 끝없이 이어지고, 무기와 벽력이 쉴 없이 계속될 거야. 그러니 적을 용서하고 불쌍히 여기고 자네 마음을 가라앉히게! 남이 자네에게 해 주었으면 하는 대로 자네도 남에게 해 주라고.

기쁨: 나는 아무도 틀렸다고 하지 않아. 오직 복수할 따름이야.

이성: 자네가 처음으로 죄를 지었든 마지막으로 지

었든 그게 무슨 상관인가? 남에게서 발견되면 비판하는 그 점이 자네에게서 발견되면 좋은 점이라고 하지 않는가? 그건 옳지 않아. 자네는 적이 휘두르면 비판하던 폭력을 택하고, 정신적으로 자네와 가장 어울리지 않는 최악의 행동을 따라 할 작정인가?

기쁨: 난 복수할 거야.

이성: 복수하면 적보다 자네가 더 상처받을 거야. 적은 몸이나 재산에 위해를 받을 뿐이지만 자네는 영혼과 명성을 다 망치게 돼.

승리

기쁨: 승리는 내 것이야.

이성: 승리한 후 분노, 오만, 잔인, 광기, 격분이 마음을 차지하지 않도록 조심해! 이런 것은 승리와 함께 오고, 승리자의 숨어 있는 무시무시한 적이야. 종종 이런 것 때문에 가장 유명한 사람들도 수치스럽게 망가지지. 운명은 아직 자네에게 대차대조표를 내밀지 않았네. 그 장부는 길고 작성하기 어려울 거야. 운명은 거칠고 집요한 빚쟁이라 지금 자네는 운명과 많은 거래를 하고 있

고, 운명은 우리가 빚진 바를 고리高利로 쳐서 반드시 돌려받고 만다네.

기쁨: 난 치열한 전장에서 승리자가 되어 빠져나왔어.

이성: 전장에서 이긴 사람이 전쟁에선 지는 경우가 많아.

기쁨: 하지만 난 이겼어.

이성: 갈리아족과 다른 여러 민족처럼 카르타고 사람들이 전장에서 승리해 빠져나온 적이 얼마나 많았던가? 그리고 로마인은 진 적이 몇 번이나 되던가? 특히 사물이 불안정하고 쓰러지려 할 때는 사물의 종말을 생각해야 해.

기쁨: 난 대단한 승리를 얻었어.

이성: 어떤 대가를 치르더라도 얻어 내야 할 만큼 대단한 건 없어. 때로는 승리를 거둔 군대에서 부상자와 전사자가 제일 많이 나오지. 내 말이 믿기지 않는다면 테르모필레 전투*를 치른 크세르크세스 왕에게 물어보게!

기쁨: 내 승리는 완벽해.

이성: 무장한 적이 한 명이라도 남아 있는 한 완벽한

---

* 제3차 페르시아전쟁 때 레오니다스 왕이 이끄는 스파르타 군대와 페르시아의 왕 크세르크세스의 군대가 벌인 전투로, 스파르타의 왕과 병사 모두 전멸했다.

승리란 없어. 설령 적을 무찔렀다 해도 그 적에 이어 또 다른 적이 생길 거야. 이렇게 어떤 승리는 전쟁의 불씨가 되기도 해. 단칼에 끊어 낸 미움은 더 많이 더 빽빽이 자라나, 살아난 전사들이 전장으로 돌아오지. 옛날에 카시우스롱기누스[39)]가 살아난 것처럼은 아니지만 말이야. 카시우스롱기누스는 상상력이 풍부해 방금 죽인 적이 유령이 되어 자신이 가는 저승길에 나타난다고 믿었는데, 그 유령이 어찌나 무섭던지 산 사람 앞에서는 꿈쩍 않던 용사도 도망칠 정도였어.

기쁨: 난 이겼어. 이제 난 안심이야. 적이 없으니까.

이성: 자네 미쳤나. 인간이 있는 한 적은 있어.

기쁨: 승리는 내 것이야.

이성: 그 승리가 날아가지 않게 조심해. 승리에는 날개가 달려 있으니까.

행복한 마음

기쁨: 난 행복해.

이성: 아마 자네는 교황이 되거나 권력을 잡거나 부자가 되면 행복할 거라고 생각하는 모양이군. 그건 잘

못된 생각이야. 그런 것은 사람을 행복하게도 불행하게도 하지 않아. 그런 것을 이루면 사람은 모든 게 백일하에 드러나게 돼. 그런 일이 뭔가를 가져온다면 행복보다는 불행이기 쉽지. 그런 일엔 인간의 모든 참상의 뿌리가 되는 위험이 가득한 법이야.

기쁨: 난 행복해.

이성: 한심한 사람! 이렇게 나쁜 일이 많은데도 행복하다는 건가?

기쁨: 난 행복해.

이성: 그건 자네 생각이겠지. 하지만 그렇게 생각한다고 더 행복해지는 건 아니야. 자네의 행복은 덧없기 때문이지. 하지만 불행은 점점 더해만 갈 거야. 최악은 사람이 자신의 불행을 모른다는 거네.

기쁨: 난 행복해.

이성: 행복한가? 자넨 항상 한 가지 위험에서 굴러떨어져 다른 위험에 처하면서 어디로 가야 할지도 모르는 채 힘겹고 울퉁불퉁한 길을 기꺼이 걸어가는 독특하고 이상한 나그네로 살아가는 거야. 그게 행복하다면 미리 말하지만, 앞서간 누구보다도 또 뒤에 올 누구보다도 자네가 행복한 거지. 불행한 일이 막 벌어지는데 행

복할 수 있는 사람이 누구인지 말해 보게. 이 고통의 골짜기를 떠나기 전에는 아무도 행복할 수 없어. 그러니 자네와 함께할 수 있는 진정으로 행복한 사람을 한 명만 찾아보게. 못 찾겠다면 포기하고 인간 중에 행복하다 말하는 사람이 자네 하나로 그쳤으면 해.

기쁨: 난 행복이 느껴져.

이성: 자네가 어떤 행복을 말하는지 알겠어. 시인의 말처럼 잘못 생각해서 행복한 것이든지 자네 영혼의 미덕 때문에 행복한 것이든지 둘 중 하나겠지. 그런 건 행복에 이르는 길이 될 순 있어도 온전한 행복은 아니야. 끝으로, 가까이서 들여다보면 혹자가 꿀 수 있는 행복의 꿈에 대해 또 혹자가 하는 행복의 약속에 대해 난 놀라움을 감출 수 없어. 사람은 여러 가지 점에서 명석한데도 행복에 대해서는 전혀 아무것도 못 보지. 사실 행복에 이르려면 얻을 수 있는 재산을 다 소유하든지, 어떤 사람들의 생각처럼 오로지 미덕만으로 만족하고 그런 재물을 얻길 원치 않든지 둘 중 하나여야 해. 미덕에만 의존해 살아가고 남들이 행복하다고 하는 사람이 사실 행복에 가장 가까운 사람임을 부정할 수는 없겠지만, 재산이 많은 사람은 끊임없이 온갖 중대한 위험에 노출

되고 종말이 오기 전엔 편할 날이 없이 유혹에 맞서 계속 싸워야 하기 때문에 삶을 망친 셈이야. 두 경우 모두 알든 모르든 불행한 거야. 잘못 생각해도, 편할 날이 없어도 행복은 없거든.

기쁨: 난 행복한 것 같아.

이성: 그게 바로 답이야. 행복한 척해서 행복할 수 있다면 거의 모든 사람이 행복하겠지. 그러니까 자네가 말하는 행복이란 환상이고, 그렇기에 덧없는 거야. 틀린 것을 오래 즐길 권리는 아무에게도 없지. 오직 진실만이 굳건하며, 틀린 것은 헛되고 텅 비었다네. 안개처럼 또 그림자처럼, 그것을 없애려는 양손 사이에서 스르르 부서져 버리는 것이지. 그림자를 걷어 내고 거짓 기쁨을 거짓이라고 백일하에 드러내고 행복의 진정한 값어치를 정하고 미몽을 끝내 버릴 수 있는 진실이 밝혀질 거야. 그때까지는 방금 말한 대로 자기가 행복한 줄 알거나 남이 행복하다고 보는 사람에게 그 짧은 행복을 어떻게 생각하느냐고 물어보게. 그들은 아무 말도 하지 않겠지만 진실이 말해 줄 거야. 그리고 자기가 행복한 줄 알던 사람이 사실은 가장 불행한 사람이었다는 게 증명될 거야.

더 좋은 시절

희망: 난 시절이 지금보다 나아졌으면 해.

이성: 이런 시절 저런 시절 다 좋은 거야. 인간이 좋은 시절을 잘못 활용할 뿐이지. 여기서나 저기서나 인간은 자기 잘못을 다른 것의 탓으로 돌려. 그러니 사람들이 선해지면 시절도 좋아질 거야.

희망: 이 어려운 시절은 계속되지 않을 거고, 좀 더 좋은 시절이 올 거야.

이성: 시간은 멈추는 법이 없지. 돌아오지 않고 스르르 미끄러지듯 가 버려. 오직 미덕과 바른 원칙을 적용하고 실천하는 것만이 시간이 도망치듯 가 버리지 않고 천천히 가게 해 준다네. 시간을 잘 쓴 기억보다 더 달콤한 건 없지. 하지만 사물을 제대로 사용할 줄 모르는 인간은 쿨쿨 잠만 자느라, 그리고 혼자서 아니면 가장 나쁜 활동을 하며 빈둥거리느라 평생을 낭비해. 그러면서 아무 죄 없는 시간만 탓하지. 솔직히 말해 시간은 지나가는 거야. 그게 시간의 본성이지. 하지만 인간은 주어진 시간을 제대로 쓰지 못해. 이건 더 이상 자연의 잘못이 아니라 인간의 잘못이야.

희망: 어려운 시절이야. 앞으로 올 시절은 좀 나을 거야.

이성: "시대마다 사람들은 세태가 안 좋다고 불평한다"고 세네카는 말했어. 난 거기에 이 말을 보태겠네. 시대마다 정말 불평할 것이 많았고, 앞으로 닥쳐올 수백 년 동안에도 항상 뭔가 불평할 게 있을 거라고.

희망: 난 더 행복한 시절이 왔으면 해.

이성: 그러려면 한 가지 방법밖에 없어. 스스로 그런 시절이 오게 할 수 있다면, 자넨 더 이상 그런 시절을 기다리지 않아도 될 거야. 그러니 좀 더 즐거운 마음을 갖게. 미덕의 도움 없이는 그렇게 할 수 없을 거야. 하지만 일단 그렇게 하면 모든 것이 기쁨뿐이고 슬픔은 없을 거네.

희망: 난 더 나은 시절이 오길 기다려.

이성: 그런 시절이 오면―정말 오기만 한다면―어쩌면 자네가 가야 할걸. 영영 안 오거나 못 볼지도 모르는 것을 걱정하며 기다리느니 지금 이 시간을 잘 활용하는 것이 더 확실하지 않겠나?

더 좋은 평판

희망: 내 장점으로 보아, 난 죽은 다음에 평판이 좋았으면 하네.

이성: 실은 험담을 받기 딱 좋은데 남의 동경을 받는다고 생각하는 사람이 많지. 길 잃은 여행자처럼 그들은 목적지로 가고 있다고 생각하지만 실은 거기서 멀어지고 있어.

희망: 내가 생전에 유명하다면 죽은 다음엔 더 유명해지지 않을까?

이성: 생전에 유명하고 이름이 잘 알려졌던 사람이 죽은 다음엔 잊히고 미미한 존재가 되는 수가 많아. 이것이 놀라운가? 이유는 아주 간단해. 그들은 실제로 친절을 베풀고, 유쾌하고 유혹적인 대화를 나누고, 매력적인 표정을 보이고, 이목구비로 열린 마음을 표현하고, 진심 어린 접근을 하며 자기 보호 아래 있는 사람들을 확실히 지켜 주고, 또 이방인에게 호의를 베풀고, 모든 이를 예의 바르게 대하고, 이 모든 장점에 생전에 좋은 평판을 보장해 주는 다른 장점을 덧붙인 거야. 하지만 이것들이 사라지자마자 그들의 평판은 아는 사람들

의 동아리에나 남게 되지. 그러니 이런 게 얼마나 덧없는지 알겠지. 그리고 사실 단단한 토양에 심은 게 아니라면 어떻게 오래갈 수 있겠나? 자연은 약하고, 쉽게 자라나는 식물은 얼마 안 가 시들어 버려. 오래가는 평판을 얻으려면 깨끗하게 살고 행실을 바르게 하고 뛰어나게 아름다운 글을 써서―이런 명예는 드물지―남보다 두드러져야 해. 말을 쉽게 하고 긴 옷을 칭칭 휘감고 민중이 손가락으로 가리키는 보석으로 치장한 이런 사교적 인물은 언변 능력이 좋을 동안만 혹은 겨우 그보다 조금 더 오랫동안만 유명하다네. 이런 당당함이, 구름 같은 지식이, 우렁찬 언변이 얼마나 빨리 사라져 가벼운 연기만 남기는지 끔찍할 정도야. 끔찍하지만 사실이 그래. 그런 사람은 자기가 존재했다는 증거를 남기려 조심하지 않았고, 이익을 얻거나 잠을 잘 자기 위해 야망을 품은 일이나 마음에 맞는 일에 몰두했으며, 남에게 이런 일을 대신 시키는 경우가 없었어.

희망: 나는 죽고 나서 명성을 얻을 거야.

이성: 명성은 죽은 자에겐 아무짝에도 쓸모가 없어. 반면 산 자에게는 명성이 때로 해롭기도 하지. 아르고호를 탄 사람들이 콜키스[40]의 왕 아이에테스가 실제로

는 해적에 불과한데 영웅이라고 묘사한 것은 무슨 매력 때문이었나? 그가 보물을 지녔다는 소문 때문이 아니었나? 그 유명한 황금 양털이 대단히 비싼 물건이라는 소문이 널리 퍼지고, 어리석고 진정한 재물을 갖지 못한 선원들이 숫염소가 털을 뒤집어쓰듯 그 양털을 너도나도 뒤집어쓰지 않았다면 그 양털이 달리 무슨 의미가 있었겠나?

희망: 나는 유명해질 거야.

이성: 부디 그렇게 되길 바라네. 그런데 유명해지면 뭐가 대단한가? 생전에 가끔 그런 일이 생기듯 사람들이 다들 알아볼 때는 유명한 게 뭔지도 모르지. 하지만 자네를 만나도 못 알아보는 사람에겐 그런 명성이 무슨 소용이 있나? 만약 자네가 호메로스나 아킬레우스나 베르길리우스나 아우구스투스[41]를 만난다면, 그들이 워낙 유명하니 길을 가다가도 알아보지 않겠나? 내 말을 믿게, 인간의 희망은 대부분 두 가지로 헛된 거야. 우선 실현되지 못하기에 헛되고, 다음으론 실현된다 해도 인간이 기대했던 것을 주지 않기에 헛되지. 그러니 그런 헛된 희망, 쓸데없는 욕망일랑 내려놓게.

끝없는 희망

희망: 난 바라는 게 많아.

이성: 바라는 게 많을수록 헛된 희망도 많고, 운명 때문에 실망할 일도 많지.

희망: 난 바라는 게 참 많아.

이성: 희망이 많으면 장애도 많지. 희망을 잘 저울질해서 바랄 만큼만 바라는 사람은 아무 사고 없이 길을 잘 가고 아무 장애도 없어.

희망: 나는 건강을 바라.

이성: 그리고 죽음을 잊을 수 있길 바라지.

희망: 나는 장수하길 바라.

이성: 그럼 끝 모를 감옥에서 괴로워하고 못 볼 꼴도 많이 볼 텐데.

희망: 난 팔다리가 잘 움직이길 바라.

이성: 팔다리는 끈질기지만, 또 극진히 사랑받는 사슬이기도 하지. 다들 팔다리가 어떻게 될까 봐 겁내니 말이야.

희망: 난 외모가 멋지길 바라.

이성: 외모는 욕망을 위한 그물코지.

희망: 난 행복하게 생을 끝맺길 바라.

이성: 그렇지만 자네가 살아온 세월을 돌이켜보면 얼굴 붉힐 일도 있고 탄식할 일도 있겠지.

희망: 내가 사랑하는 여인이 그녀에게 맞는 죽음을 맞이하길 바라.

이성: 빠르고 숙명적인 죽음 말인가?

희망: 난 낚시할 수 있는 여유를 바라.

이성: 기쁨은 서글프고 뉘우침은 긴 법.

희망: 난 복수할 기회를 바라.

이성: 복수란 야만적인 행동이 벌컥 끼어드는 거라네.

희망: 난 몸이 유연해 여러 가지를 할 수 있길 바라.

이성: 몸은 반항심이 많고 집요한 노예라네.

희망: 난 막대한 부자가 되었으면 좋겠어.

이성: 그건 우엉과 가시덤불로 이뤄진 무거운 짐이지.

희망: 이 바다 저 바다에 나갔던 내 배들이 돌아왔어.

이성: 엄청나게 너른 공간에서 바다의 괴물과 암초 틈에 여기저기 퍼져 파도에 흔들리고 물결에 쓸리고 바람에 밀려다니던 재물 말인가.

희망: 내 거래로 얻어 낸 톡톡한 수익이지.

이성: 남의 말을 잘 믿는 사람아, 그건 자네를 끝없이 붙잡아 두고 하나를 얻으면 많은 걸 잃도록 밀어붙이는 미끼야. 장사를 처음 해 보는 상인은 대하기 쉽고 남의 말을 잘 믿는 법이지. 전문 장사꾼은 돌다리도 두드려 보고 건너는데 말이야.

희망: 난 권력이 많았으면 좋겠어.

이성: 권력이란 부러움을 받는 참상, 가여운 풍족, 공포에 굴복한 오만이야!

희망: 난 통치 능력이 있는 한 나라의 수장이면 좋겠어.

이성: 그건 낭떠러지와 폭풍우지. 머리엔 별무늬가 있는 머리띠를 둘렀지만 그 밑엔 어두운 그늘이 드리워진 이마가 있고, 쾌락이 많은 삶에는 걱정이 가득한 마음이 있어.

희망: 난 공직 생활의 명예를 바라.

이성: 그건 먼지와 야단법석.

희망: 난 재능, 언변, 교양이 있었으면 좋겠어.

이성: 그런 건 모루와 망치 그리고 남을—당장 자네부터—잠 못 들게 할 수 있는 덩어리야.

희망: 내 장례식에서 고인을 칭송하는 말이 들렸으면 좋겠어.

이성: 그건 귀머거리에게 꾀꼬리 우짖는 소리가 들리는 격이라네.

희망: 내 무덤에 황금 피라미드가 세워졌으면 좋겠어.

이성: 그건 집을 멋지게 칠해 장님에게 보여 주는 격이고.

희망: 내가 죽은 후에 영광을 누렸으면 좋겠어!

이성: 난파당한 뒤에 산들바람이 불어오면 무엇하나!

희망: 난 후세에 이름이 남길 바라.

이성: 이름이란 자네가 끝까지 모를 증인이야.

희망: 난 내 재산을 상속받을 사람이 있으면 좋겠어.

이성: 자네의 유산을 받을, 그리고 자네 자신을 위한 친구는 한 사람이면 돼. 단, 자네가 다신 안 돌아온다는 조건으로 말이야.

마음의 평온

희망: 난 마음이 평온했으면 좋겠어.

이성: 지금도 마음이 평온할 수 있는데 무엇 때문에 바라기만 하지? 자네가 진심으로 바란다면 언젠가는 마음의 평온을 얻을 거야.

희망: 난 마음이 평화로웠으면 좋겠어.

이성: 전사나 평화를 바라지. 그리고 마음속에 평화가 아닌 전쟁을 불러일으키는 건 바로 자네 자신이 아닌가? 자네 스스로 빼앗은 것을 어찌 감히 내놓으라 할 수 있으며, 어찌 남에게서 얻길 바란단 말인가?

희망: 난 마음의 평화를 열망해.

이성: 누구에게 그걸 달라는 건가? 지금 당장 자신에게 허용할 수 있는 것을 언제 얻어 내려고? 자네 자신 말고는 아무도 그걸 빼앗지 못하길 바라는 건가? 욕망과 분노를 내려놓게. 그럼 오롯한 마음의 평화를 얻을 수 있을 테니.

희망: 난 조용하고 마음이 평온한 상태를 열망해.

이성: 그런데 자네의 행동이 그 반대 방향으로 향하는 건 어찌 된 일인가? 또 그만큼이나 자신의 소원과 반

대 방향으로 악착같이 집착하는 건 무슨 이유인가? 여기서 슬쩍 빠져 달아나려면, 아무도 모르게 사라지는 것만큼이나 할 일이 많다네! 이 끝없는 싸움, 이 마음의 노역을 위해 자넨 평화와 휴식을 위해 지불하는 대가보다 더 비싼 대가를 치르고 있어. 이처럼 인간의 희망과 소원은 정념과 반대 방향으로 치달아, 마치 마음 하나에 한 사람이 아니라 전혀 의견 일치를 보지 못하는 여러 사람이 걸려 있는 것 같아.

희망: 난 조용한 걸 열망해.

이성: 그렇게 놀랄 만큼 항상 바라기만 하는 집요함은 대체 어디서 오는 건가? 가여운 인간 같으니! 바라던 것을 얻자마자 인간은 좀 더 멀리 있는 것을 바라고 또 다른 것을 원하지. 닿지 못할 것을 진심으로 희망이라 부르는 사람에겐 다음날의 햇빛이 더욱 찬란하고, 더 좋은 것은 항상 다음에 오는 법이지. 사실 어떤 사람에겐 바라는 것보다 더 달콤한 일은 없어서, 세상없는 것을 준대도 희망을 그것과 바꾸고 싶어 하지 않지. 그런 사람에게 바랄 수 있는 거라곤 아무 열매도 맺지 못하는 희망 속에서 매사를 다음날로 미루며, 이런 기다림 속에 가진 재물도 쓰지 못하고 늙어 가다, 끝내는 그렇게

바란 것이 괜한 짓이었고 돌아보면 집에 있는 것을 공연히 다른 데서 찾았음을 깨닫는 것뿐 아닌가?

희망: 난 마음이 편안하고 푹 쉴 수 있었으면 해.

이성: 인간사에 그림자의 몫은 크고, 실체 없는 바람을 마시며 헛된 생각에 기뻐하는 인간은 많지. 얼마나 많은 인간이 이런 희망을 품고 영원한 노역과 영원한 전쟁에 뛰어드는가!

불운에 대처하는 법

삶의 고통과 두려움에 좌절하지 않기 위하여

나의 벗 아조에게

내가 관심 있게 읽거나 들었던 모든 말 중에 헤라클레이토스가 한 이 말보다 더 깊이 새겨지고 오래 인상에 남아 자주 떠오르는 말은 없어. "만물은 불화에 의해 이루어진다."[1]

왜냐하면 사실이 그렇고, 우주의 거의 모든 것만 봐도 그걸 알 수 있기 때문이지. 별은 천공과 반대 방향으로 움직이고, 원소는 서로 반대되는 것끼리 만나 물질을 이루고, 땅은 흔들리고, 물결은 철썩철썩 치고, 공기는 진동하고, 불꽃은 타닥타닥 타오른다네. 바람과 바람은 끝없는 싸움을 벌이고, 날씨는 날씨와 부딪치고, 만물은 자기 자신과 투쟁하고 또 우리와 투쟁해. 비가 추적추적 내리는 봄, 뜨거운 여름, 나른한 가을, 호된 겨울은 차례차례 오지 않아. 사계절은 서로 다투고 있다네. 우리가 딛고 서 있는 땅, 살아가면서 주변에 있어 좋다고 생각하는 만물, 우리에게 그토록 매력 있고 친근한 모든 것이 화만 났다 하면 얼마나 무섭게 변하는가! 지진과 광분한 태풍을 보게. 하늘과 땅에서 미친 듯이 일어나는 난파와 화재를 보라고. 심하게 쏟아지는 우박과 억수같이 내리는 비, 쾅쾅 치는 천둥과 전광석화 같은 벼락과 미친 듯한 폭풍과 바다의 열기와 포효, 굉음을 내며 콸콸 흘러내리는 폭포, 범람하는 큰 강, 이리저리 몰려다니는 구름을 봐! 걷잡을 수 없이 심하게 불어 대는 바람을 막을 길이 없어 예측 불가능한 파도의 흐름이 끝없는 투쟁을 벌이는 바다로 말할 것 같으면 규칙적인 조수 간만까지 있고, 이 현상은 모든 해안에서 관찰되지만 특히 서쪽 해안에서 잘 볼 수 있지. 이 모든 것, 특히 눈에 잘 보이는 밀물과 썰물의 숨은 이유를 찾다 보니 바다에 파도가 일듯이 여러 학파 간에 그만큼 많은 논쟁이 일어나지 않았던가?

전쟁 상태에 있지 않은 생물은 없다네. 물고기나 야생동물이나 가금류나 뱀이나 사람이나 다 그렇다네. 모든 종은 다른 종을 잡으러 쫓아다니고, 어떤 개체도 평화롭게 살지 못하지. 사자는 늑대를 사냥하고, 늑대는 개를 사냥하고, 개는 산토끼를 사냥해.[2] 이 모든 것이 보여 주는 건 오직 한 가지 사실, 즉 "만물은 불화에 의해 이루어진다"는 거야.

　　미움이 그칠 때조차 불화는 여전히 있지. 사랑 자체가 얼마나 뜨거운 질투를 숨기고 있는가. 결혼 생활에는 얼마나 많은 불화가 숨어 있는가. 연인끼리는 얼마나 많이 말다툼을 하고 의심을 하고 한숨을 쉬고 슬퍼하는가! 주인과 하인 사이의 말다툼은 말할 것도 없지. 이들은 서로를 아주 싫어하면서도 한 지붕 밑에 산다네. 무슨 수를 써도 그들 사이를 다시 평화롭게 만들 수는 없어. 죽거나 가난해지지 않는다면 말이야. 오비디우스의 말마따나 "서로 좋아하는 일이 드문"[3] 형제간이나 부모 자식 간의 싸움도 마찬가지지. 항상 자애롭기만 할 것 같은 부모도 실제로는 자식에게 얼마나 유감이 많은지 몰라. 부모는 자식이 착하게 자라길 바라지만 사실은 못됐다는 걸 알고 눈물을 흘리네. 그러다 보니 끝내는 사랑이 미움으로 변해 버리기도 해! 모든 사랑 중에 제일 끈끈하다는 형제간의 우애나 부모의 사랑도 마찬가지야. 서로 좋아하는 마음은 별로 없는 경우가 많고, 미움까지 가는 경우도 간혹 있다네. 그 거룩한 이름이 '사랑하다'라는 동사에서 왔고, 사랑 없이는 알 수도 알릴 수도 없는 '우정'이라는 건 또 어떤가!* 두 친구 사이에 설령 공동 목표에 대한 생각이 같더라도 거기에 도달하기까지의 방법과 행동에 대해서는 얼마나 논쟁이 많으며, 내려야 할 결정에 관해서는 얼마나 의견 갈등과 논란이 분분한가! 우정에 대한 키케로의 생각은 많이 흔들리지. 비록 친구 사이에는 "상대방에게 좋은 일이 생기길 원하고 서로 좋아한다"고 할지라도 종종 "신의 일이든 인간의 일이든 매사에 동의가 부족"하고 말이야.[4] 하지만 '우정'이란 말을 정의하는 데 바탕이 되는 게 바로 이 동의야. 그렇다면 미움은 어떻겠는가? 사랑 속에는 미움이 있고 "모든 동의 속에는 안 맞는 것도 있는" 법이지.

　　인간의 일상생활과 인생은 어떠한가? 넓은 도시에서 서로 잘 맞는 사람을 찾기란 정말 어려워. 사람마다 사는 곳이나 습관도 다르고, 그 사람을 지배하는 다양성이 너무 크기 때문이지!

　　하지만 특히 인생에서는 정말 "만물은 불화에 의해 이루어진다"는 말이 맞네. 겉으로 드러나는 말다툼은

---

*라틴어로 우정(amicitia)은 사랑(amor)에서 왔다.

말할 것도 없고—사람들은 이런 말다툼이 부디 덜 퍼졌으면 하고 간절히 바라지—내적 불화 역시 이미 사람들 사이에 너무 많아! 인간은 남하고 싸우는 데 그치지 않고 자신과도 싸우지. 이 투쟁이 존재의 표면, 즉 몸—인간의 가장 타락하고 천박한 부분—에서만이 아니라 영혼의 가장 깊숙한 곳에서도 벌어진다네. 상반되는 기운이 만나면 이 몸이 어떻게 끓어오르고 몸부림치는지 이른바 '내과 의사'5)에게 물어보면 돼. 그들이 말해 줄 거야. 하지만 영혼은 다양하고 상반된 모든 감정에서 무엇 때문에 자신에게 맞서 투쟁하는 걸까? 그 이유는 스스로 알아볼 수밖에 없어. 왜냐하면 자기 말고는 다른 누구도 답을 모르기 때문이야. 마음이 얼마나 다양하게 꿈틀거리고 상반되게 움직이기에 출렁이며 이리저리 이끌려 가는 걸까? 그것도 결코 일관성 있는 방향이 아니라 늘 논란투성이고 가지가지인 방향으로 말이야! 일일이 다 언급할 수는 없지만, 원하고 원치 않고, 좋아하고 싫어하고, 유혹하고 위협하고, 놀리고 속이고, 상상하고 농담하고, 울고 감동하고, 살려 주고 화내고, 평온하게 마음을 가라앉히고 되는대로 하고, 기진맥진하고 다시 기운을 차리고, 비틀거리고 저항하고, 앞으로 나아가고 뒤로 물러나고, 알지 못하고 배우고, 잊어버리고 기억하고, 샘내고 멸시하고, 감탄하고 놀라고 지치고, 경멸하고 의심하고…… 온갖 짓이 있어. 이 모든 행위보다 더 만족을 모르는 것은 없네! 인생은 이렇게 끊임없이 첫날부터 마지막 날까지 여기저기 둥둥 떠서 흔들리며 흘러가지.

마지막으로, 네 가지 정념—희망(혹은 욕망), 기쁨, 두려움, 고통—이 걷잡을 수 없이 격하게 치밀 때는 어떻겠는가? 이 정념들은 가쁜 숨을 내쉬며 우리의 가엾은 마음을 항구에서 멀리 떨어진, 인생사가 가득한 암초 한가운데로 끌고 가지. 다른 작가들도 다양한 방식으로 말했지만, 베르길리우스는 이 시 한 구절로 아우구스티누스의 말에 담긴 대단한 진실을 압축했네.[6] "그래서 인간은 두려워하고 바라고 고통받고 기뻐하는 것이다."

'운명'이라는 말이 제목이나 작품에 자꾸 나온다고 걱정하지 말게. 운명에 대한 내 생각이 어떤지는 종종 들었을 거야. 하지만 특히 아는 게 없는 사람에게 말할 때는, 그들이 운명에 대해 뭐라고 말할지 잘 알지만—특히 성 예로니모[7]는 "숙명도 운명도 없다"[8]라는 문장으로 이걸 요약했지─그들이 익히 알고 습관이 된 표현을 쓸 필요가 있다는 게 내 생각이야. 이렇게 하면 보통 사람들은 자기가 평소 말하는 습관을 알게 될 것이고, 몇몇 학자는 내가 무슨 말을 하려는 건지 이해할 것이고, 운명이라는 익히 알려진 이름에 동요하지 않을 테니까.

　　운명론이자 정념론이기도 한 이 글에서 운명의 첫 번째 얼굴*에 대한 내 생각은 이미 말했네. 이제부터는 다른 얼굴**에 대한 내 생각을 말해 보겠네.

---

* 행운을 말한다.
** 불운을 말한다.

외모

고통: 이렇게 날 못생기게 태어나게 한 자연은 불공평하다고 생각해.

이성: 아, 그래서 얼마나 많은 잔불을 끈 셈이며, 얼마나 많은 화재를 면한 셈인지 모르네!

고통: 자연은 질투심이 많아서 내게 멋진 외모를 주지 않았어.

이성: 자연은 질투심이 많지 않아. 하루하루 가치가 없어지다 결국 스러지는 것이나 주었다는 소리를 들으면 자연은 부끄러워 얼굴을 붉힐 거야. 정말 마음이 좋다면 오래 두어도 변함없는 선물을 주겠지. 세월이 가면서 닳아 없어지는 선물은 구두쇠도 주는 거야. 멋진 외모는 자연이 주는 덧없고 약한 선물이네. 이 선물이 불길한 선물이 된 사람도 많지. 이게 구원이나 진정한 영광이 된 사람은 아무도 없어.

고통: 신체적으로 멋진 외모는 내게 허락되지 않았어.

이성: 드물게 보는 멋진 외모와 예의범절, 이 두 가지가 한 지붕 밑에 같이 사는 꼴은 본 적이 없어. 둘 중 더

못한 쪽이 문밖에 남아 있다면 다행이야. 자네 몫은 좀 더 나은 쪽일 테니 말이야.

고통: 나는 신체적 매력은 하나도 나눠 받지 못했어.

이성: 무엇 때문에 그걸 괴로워하지? 설마 신체적 매력이 어떤 고귀하고 경건한 일에 필요하거나 소용이 된다고 생각하는 건가? 멋진 외모는 오히려 짐이 될걸. 외모가 멋진 사람은 쾌락으로 이끌리는 법이라 그냥 못생긴 채 놔두었으면 차라리 나쁜 일도 겪지 않고 위험도 없이 살았을 많은 사람이 파렴치한 죽음을 맞을 수밖에 없었지.

고통: 자연은 왜 나를 이렇게 못생기게 만들었을까?

이성: 자네가 아름답게 치장하고 늙어서도, 죽을 때 누운 침상에서도, 관 속에서도, 무덤 속에서도 멋지게 보이라고 그런 거지. 또 멋진 외모가 오직 자네 덕이지 자연이나 부모 덕이 아니라는 걸 보여 주려고 그런 거네. 가꿔서 얻은 외모는 타고난 외모보다 훨씬 멋진 거야. 후자는 우연히 얻어진 것이지만 전자는 의지의 산물이거든.

고통: 내 몸의 수많은 결점 때문에 나는 비참해졌어.

이성: 물론 못생겼다는 것이 각자에게 주어진 불행

의 몫이라고 보는 사람도 있어. 하지만 외모가 못생겼다고 마음까지 못생긴 것은 아닌 반면, 오직 신체적 매력만 있으면 된다고 하는 사람들의 말을 잘 들어 봐. 그러니까 못생겼다고 사람이 파렴치해지거나 비참해지는 건 아니야. 오히려 못생기면 미덕을 실천할 길이 열리지.

고통: 우리 어머니인 자연이 날 이렇게 못생기게 태어나게 했어.

이성: 만약 자연이 헬레네[9]나 파리스가 태어날 때도 그랬다면, 아마 일리온[10]은 아직도 건재하겠지.

고통: 난 태어날 때부터 못생겼고, 그게 도저히 위안이 안 돼.

이성: 제대로 된 사람 중에 자기 외모를 좋아한 사람은 없고, 외모가 뛰어나길 바란 사람도 없어. 심지어 뛰어난 외모를 거부하기까지 한 사람도 있지. 이목구비가 뚜렷하니 얼굴이 멋지게 생겨 남들이 경계한다는 것을 알자, 남들의 순결을 믿지 않듯 자신의 명성을 믿지 않고 자기 몸에 상처를 내 아름다움을 파괴한 젊은 청년 토스카누스가 그랬지. 자네는 그가 망가뜨리려 했던 외모를 그토록 원하다니, 참 그를 안 닮았군. 외모로 한몫

보려 했던 사람은 그것 때문에 피해만 봤다네.

약한 신체

고통: 나는 본래 약해.

이성: 다 닳아빠진 낡은 용광로에 강철 칼날이 숨어 있듯 약한 몸에 강한 마음이 숨어 있는 경우도 가끔 있긴 하지.

고통: 난 약하게 태어났어.

이성: 자네는 짐을 지기에도 금을 찾기에도 쓸모없는 사람이지만, 명예와 정의에 몸담고 계속 공부하기에는 딱이야. 배를 타면 제일 건장한 사람이 노를 젓고 제일 똑똑한 사람은 키를 잡지 않던가. 세상이라는 망망대해에서 일이라는 파도에 던져진 배처럼 삶이라는 배엔 노도 있고 키도 있어. 만약 가장 비천한 일에서 멀어진다면 돌아서서 가장 고귀한 일을 하게.

고통: 난 몸이 약해.

이성: 그러면 마음을 단련하고, 마음에 잘 맞고 분명 더 낫고 더 오래가는 규율에 맞춰 훈련을 하게. 몸으로 하는 일일랑 농부나 뱃사람이나 노동자 같은 사람에게

맡기고 말이야.

고통: 나는 태어난 이후 한 번도 힘이 셌던 적이 없어.

이성: 그런가! 한 번도 힘이 셌던 적이 없는 게 차라리 있던 힘을 잃는 것보다 받아들이기 쉽지. 아마 힘이 있었더라도 자네는 그걸 유지할 수 없었을 거야. 심지어 밀로[11]같이 힘 좋던 사람도 늙어 가면서 힘을 잃었고 헤라클레스도 그랬지. 하지만 소크라테스나 솔론[12]이나 네스토르[13]나 카토 같은 사람은 안 그랬어. 그러니 자네가 가진 최선의 것을 쓰게! 어차피 지속되지 않는 것이 고상한 사람의 마음에 쏙 들 수는 없으니까.

고통: 내 가엾은 몸은 약해.

이성: 몸에 깃들어 사는 마음에 몸이 도구로 쓰일 수만 있다면 아직은 힘이 있다는 얘기지. 자연이 마음에 도움이 되라고 몸을 만들었는데, 이걸 모르는 사람만큼 몸에 빌붙어 사는 노예인 사람이 있겠나. 자네 몸이 할 일을 다 하고 있다면, 대체 불평할 게 무엇이며 더 이상 뭘 원한단 말인가? 마음은 약하고 몸만 튼튼한 사람은 짐승의 반열에나 오르지. 아주 유감스러운 경우이지만, 그런 사람은 남의 노예 노릇이나 하며 사는 경우가 많

다네. 때로—이것은 더욱 슬픈 일이고 아마 인간의 비참함 중에서도 극치이겠지만—그런 사람이 마음을 억지로 몸에 예속시키지. 그건 예속 상태 중에도 가장 수치스러운 것이야.

가난

고통: 난 가난에 찌들어 있고, 지긋지긋한 가난을 도무지 끝낼 수 없어.

이성: 그렇지만 가난하면 때로 반항하던 마음에 겸손이 찾아들 수 있고, 철학이 시도했지만 성공하지 못했던 일을 해낼 수도 있어.

고통: 가난이 내 집 입구를 떡하니 차지하고 있어.

이성: 차지한 게 아니라 지키는 거지. 옛날에 수백 년 동안 가난이 로마를 이렇게 지켰는데, 새삼스레 그게 새롭거나 이상할 게 뭔가. 항상 간소하고 경계를 늦추지 않는 가난의 천막 사이로는 유약한 사치나 몸을 마비시키는 졸음, 마음을 느슨하게 하거나 무기력하게 만드는 술 같은 것이 뚫고 들어올 수 없어.

고통: 가난이 내 집을 덮쳤어.

이성: 내 조언은 어서 가서 가난을 만나 보라는 거네. 가난이 다가오거든 두 팔 벌려 맞아들이고 기꺼이 얼싸 안게. 물론 처음에는 가난이 좀 엄격하고 을씨년스러워 보일 수도 있지. 여행자로 혹은 무장한 사람으로 묘사될 만큼 가난은 느닷없이 찾아오고 위협적으로 보이거든. 하지만 친숙한 이처럼 맞아들이면 가난은 요구 조건도 없고 평온하고 격의 없는 손님이 된다네.

고통: 가난이 내 집 문을 두드려.

이성: 빨리 가서 열어 주게. 가난이 갑자기 자물쇠를 잡아채고 문을 부수고 승리자처럼 들이닥치기 전에. 가난은 저항하는 이에겐 가차 없지만 순순히 굴복하는 이에겐 관대하거든.

고통: 가난이 우리 집에 갑자기 들이닥쳤어.

이성: 가난은 도둑과 그보다 더 나쁜 관능에 눈 감지 않고 경계하며, 샘 많은 대중의 험담과 말도 안 되는 판단과 파렴치한 인색과 흔히 부잣집 문 앞에서만 찾아볼 수 있는 낭비에 물들지 않게 지켜 주지. 이 모든 악덕에서 자네 집을 가장 잘 지켜 주는 것이 바로 가난이야. 부자가 아무리 잘 베푼다 해도 대중은 그가 자기 것을 챙기면 당장 인색하다는 꼬리표를 붙이는 반면, 가난한

사람은 설령 욕심이 많아도 잘 베푼다고 보거든. 이웃 사람들은 자네가 부자라면 시샘하겠지만 가난하면 불쌍하다고 할 거야. 그들은 부를 겉으론 비판하면서도 내심 부러워하고, 가난을 속으론 싫어하지만 겉으론 칭찬을 퍼붓기 때문이지.

고통: 가난이 내 집을 채우고 있어.

이성: 그러니 자네 집에는 부잣집 같은 오만이나 부러움이나 큰 손실이나, 혹시 이런 손실을 입을까 하는 두려움이나 온갖 의심이나 함정이나 소화불량이나 통풍 같은 것이 들어설 자리가 없을 걸세. 그런 것을 일단 몰아내고 나면 휴식과 조용함과 미덕이 더 넉넉하게 자네 집에 머물 거야. 운명이 자리를 덜 차지하는 만큼 빈자리가 많아질 테니까.

비운

고통: 강퍅한 운명 탓에 난 믿고 의지했던 것을 다 빼앗겨 버렸어.

이성: 운명은 아무것도 빼앗아 가지 않았어. 다만 원래 자기 소유였던 것을 도로 가져간 것뿐이야. 하지만

오래되고도 잘 알려진 배은망덕의 지표가 바로 이거라네. 받은 것은 싹 잊어버리고 뺏긴 것만 생각하는 것. 이러니 감사에서 우러난 행동은 적고 설령 있대도 뜨뜻미지근한 반면, 불평거리는 이글이글 타오르는 듯하고 넘치게 많은 거야!

고통: 인색한 운명은 먹고 입는 필수품도 거절하고 안 준다니까!

이성: 딴 데 가서 알아보게. 미덕이 운명보다 더 너그러워. 운명은 자네에게 주면 해로운 것이나 거절해야 하는 것이 아니면 아무것도 거절하지 않고 아무것도 빼앗아 가지 않는다네. 운명은 다음날로 미루지도 않고 아무런 강요도 없어. 잡았던 손을 빼지도 않고, 이맛살을 찌푸리지도 않고, 눈썹을 찡그리지도 않아. 운명은 아무도 무시하지 않고 아무도 저버리지 않고, 속이지도 화내지도 성질내지도 변치도 않고 어디서나 항상 똑같다네. 매일 시험해 볼수록 더 유해지고 가까이서 들여다볼수록 더 아름다워지기는 하지만. 그러니까 자네가 정히 부자가 되고 싶다면 운명이 어떤 시련을 주어도 받아들이고, 반항하지도 낙담하지도 말게. 운명과 처음 만날 때는 어려울 테지만, 그다음 만남은 좀 더 수월하

고 만날수록 조금씩 기분이 좋아지고 맛이 들 거야.

고통: 난 무슨 일을 하든 운명의 공격과 돈 걱정을 피할 수 없어.

이성: 그게 놀라운가? 자네가 방어를 위해 갖고 있다고 생각한 모든 꾀와 무기는 '적'의 손아귀에 있어. 적이 그걸 지키고, 그 뾰족한 끝은 자네를 겨누고 있지. 자네가 내 조언을 원한다면, 이 모든 걸 놓아두고 달리 행동해 보게. 차라리 자네의 재능을 운명이 좌지우지하지 않는 학문에 쏟아 봐. 가난 같은 운명의 타격에 대처하는 가장 좋은 학문은 바로 미덕이라네.

난파당해 로도스섬[14]의 해변에 맨몸으로, 운명이 줬다 뺏을 수 있는 거라곤 아무것도 없이 던져진 아리스티포스[15]가 어떻게 했는지 알지? 처음 보는 곳이기에 주변을 두리번거리다 기하학적 문자를 발견했지. 그러자 난파한 일행을 불러 안심시키고 용기를 내라고 말해 주었네. 그들이 무인도에 상륙한 건 아니었으니까 말이야. 그는 이 섬에서 사람이 사는 흔적을 찾아냈지. 도시로 들어가자마자 곧장 글을 가르치는 학교로 갔고, 거기서 금방 철학 논쟁에 끼어들어 좌중을 감탄하게 했어. 이렇게 해서 그는 그 도시의 귀족과 우정을 쌓았네. 귀족들은 그와 일행에게 선물을 했어. 그에게 필요한 음식, 옷, 온갖 필수품을 주었지. 마침내 다시 떠날 준비를 마친 일행은 그에게 고향 집에 무슨 말을 전하고 싶은지 물어보았어. 그는 이 말만 전해 달라고 했네. "자녀에게 난파해도 없어지지 않을, 어떤 바다나 도시나 전쟁의 폭풍으로도 없어지지 않을 재산을 물려주시오."[16]

잃어버린 시간

고통: 난 잃어버린 시간이 아까워 울고 있어.

이성: 이번 불평은 먼젓번 불평보다는 합당하군. 물건을 잃어버리는 것보다 시간을 잃어버리는 게 더 심각한 일이니까. 잘살려면 돈이 필요한 게 아니야. 돈이야 잃으면 다시 벌면 되지만, 시간은 꼭 필요하고 또 잃으면 무엇으로도 메울 수가 없어. 그렇지만 누구나 뜻하지 않게 남에게 돈을 빼앗길 때가 있는 반면, 시간은 빼앗기는 줄 알면서도 기꺼이 빼앗기지 않던가. 그래서 당하는 사람의 결함 때문에 상실이 증폭될 때 상실은 더욱 크게 느껴지지만, 자기가 좋아서 잃어버리고 잃었다고 불평하는 건 말이 안 되는 것 같아.

고통: 하지만 난 시간을 잃어버리고 싶지 않아!

이성: 사업을 일으키고 키우는 욕심 말고 누가 자네에게 억지로 시간을 잃어버리라고 하던가? 운문 희극을 쓴 어느 시인이 말했지. "늙어서 사람이 범하게 되는 잘못이 딱 하나 있다. 우리는 모두 지나치게 돈에 집착한다."[17] 그는 나이 든 이들이 들으라고 한 말이겠지만, 인간은 모두 돈을 좇다 늙어 버리지. 욕심은 나이를 가리지 않고 상태도 가리지 않고 남녀도 가리지 않네. 욕심 때문에 이승의 시간을 낭비하며 삶이 짧다는 생각을 통 안 해. 오로지 돈 생각만 하면서 자신을 잊고 좋아하는 일까지 잊고 세월을 보내지. 자기도 모르게 욕심이라는 병이 들어 원치도 않게 시간을 빼앗긴다면, 가장 소중한 물건을 잃었을 때보다 더욱 크게 불평해도 될 거야.

고통: 난 욕심 때문이 아니라 꼭 필요한 일 때문에 시간을 뺏기고 있어.

이성: 그럼 말해 보게. 시간만이 유일하게 분명한 자네 것인데, 그런 시간을 억지로 빼앗는 그 필요한 일이란 대체 뭐지? 운명은 자네에게 부와 명예, 권력, 인기, 나라, 그 밖의 것을 다 주었고, 그걸 언제든 도로 빼앗아 갈 수 있어. 하지만 시간만은 자네 뜻을 어기면서까지

빼앗아 갈 수 없네. 시간은 제대로 사용하지 않는 사람의 손에서 저절로, 모르는 사이에 빠져나가 조금씩 없어져. 그런데 인간은 시간이 없어져 봐야 비로소 그 진짜 무게를 느끼지. 불평하는 소리는 너무 늦게야 들려오지만 이미 소용없어. 잃어버린 시간이 아깝다고 징징대면서 그간 저지른 잘못에 대해선 입을 다물지.

고통: 절박하게 필요한 일이 있어 시간을 쓰는 거야.

이성: 다시 묻겠네. 그렇게나 절박하게 필요한 일이 대체 뭐지? 만약 자네가 자신이나 다른 사람 때문에 돈을 좇느라 시간을 쓰는 게 아니라 나라의 공무를 하느라 시간을 쓴다면─이건 명예로운 일이지─시간을 '잃어버렸다'고 표현하지 않고 반대로 칭송하는 어조로 시간을 '들인다'고 하겠지. 지상에서 사람이 가질 수 있는 것 중에 가장 소중한 시간을 아낌없이 내줌으로써 자네는 명예로운 사람이자 뛰어난 시민으로서 의무를 완수하는 거야.

사람들은 보통 이득을 도모하느라 쓴 시간이 아니면 시간을 잃어버린 걸로 본다는 사실을 난 잘 아네. 그런데 실제로는 이렇게 이득을 도모한답시고 시간을 쓰는 게 정말 시간을 잃어버리는 거지. 누가 알겠는가? 아마 자네는 '잃어버린 시간'이라는 말을 이렇게 보통 쓰이는 의미로 쓰는 거겠지. 내가 자네 말을 보통 의미대로 받아들였다면, 자네를 그 불치병에서 고쳐 주려는 시도조차 안 하고 가망이 없는 상태라고 선언했겠지.

고통: 아니야, 내가 시간을 잃어버린다면 다른 이유 때문이야.

이성: 난 모르겠네. 그 이유라는 게 대체 뭔가? 만약 분노나 슬픔, 사랑 또는 영혼의 다른 정념 때문이라면 그건 잘못된 생각이야. 이런 정념은 모두 인색과 똑같은 원칙을 갖고 있지. 정념은 의지에 따르고, 사람들에게 억지로 강요하지도 않아. 사태는 명약관화하고, 키케로도 여러 차례 얘기했지. 이런 정념 중 어느 것도 문제 삼지 않는다면 남는 것은 게으름과 무관심뿐일 거야. 그러니까 번번이 세네카의 이 말로 돌아오게 된다네. "가장 비난받을 만한 손실은 자신의 무관심 때문에 당한 손실이다."[18]

고통: 만약 내가 시간을 뺏긴다면, 그건 서글픈 필요성 때문에 어쩔 수 없어서 그런 거야.

이성: 무슨 필요성? 난 여전히 모르겠네. 적이 자네의 자유를 뺏는다면, 또 죽음이 자넬 호시탐탐 엿본다

면 선행을 못할 수도 있다는 건 이해하지만, 그래서 깊은 성찰을 할 수 없는 건 아니잖나. 곰곰이 성찰할 때만큼 생각이 잘 나고 마음이 고양되는 때는 없어. 다른 모든 상황에 처해 있는 시간이 아닌 깊은 생각에 잠겨 보낸 시간은 결코 잃어버린 시간이 아니야. 깊은 성찰이 있었기에 레굴루스[19]가 갇힌 우리와 팔라리스[20]의 황소와 키레네의 테오도로스[21]의 십자가에까지 길이 닦일 수 있었던 것 아닌가.

치욕

고통: 난 치욕에 짓눌려 있어.

이성: 난 혹시 양심에 짓눌려 있을까 걱정했지.

고통: 난 무거운 치욕에 짓밟혔어.

이성: 사람들이 하는 험담이 만약 정당하다면, 개탄할 것은 치욕이 아니라 그 원인이겠지. 하지만 그게 정당치 못하다면 영혼 꼭대기에서 사람들이 범한 오류를 내려다보며 무시하고 자네 양심에서 위안을 찾아야겠지.

고통: 나는 치욕의 무게에 눌려 굴복했어.

이성: 짚단처럼 묶어 놓은 바람의 무게에 눌려 자넨 끙끙 앓는군! 이처럼 짐 진 사람이 약하다 보니 그 자체로선 가벼운 짐이 무거워지기도 하지.

고통: 심각한 추문이 방금 퍼졌는데, 거기에 내 이름도 연루돼 있어.

이성: 소문의 뿌리가 어디인지 아는 게 중요해. 그 근원이 사실이라면 추문은 살아남아 점점 커지겠지. 아니라면 곧 사라질 거야.

고통: 치욕의 숨결이 나를 음해하는 쪽으로 퍼지고 있어.

이성: 소문이란 그런 거야. 그저 숨결일 뿐이야. 냄새나는 입에서 훅 뿜어져 나온 숨결. 이것이 인간을 이 정도로 뒤흔들고 겁을 준다고! 하지만 불명예가 영광의 시작이 된 사람도 많다네. 대중은 후회하고도 습관처럼 이런저런 잘못을 되풀이하며 매사에 도가 넘치면서도, 지나치게 찬사만 퍼부어 그다지 수치스러울 것까지는 없는 일 같은 건 끝내 그 속에 감춰 버리지.

고통: 가는 데마다 수치심이 날 따라다녀.

이성: 주위에서 바람이 심상찮게 불면 얼른 항구로 돌아가게. 바람이 폭풍우가 되어 자네 귀에 대고 울부짖

거든 배에서 벗어나 마음이라는 닫힌 방으로 들어가게. 마음이 평온하다면 다툼에 지쳤을 때 거기 들어가 쉬어도 되고, 사람들 말대로 "자신 안에서 기뻐"해도 돼.

고통: 내 평판이 나빠졌지만, 내 양심은 깨끗해.

이성: 그럼 평판은 뛰어난데 양심은 시커멓고 나쁜 건 싫단 말이지? 호라티우스[22]가 글에서 "거짓 명예는 즐겁고, 거짓말하는 부끄러움은 공포스럽다"고 했듯이 말이야. 아, 허영심이여! 오로지 실제 사물만이 두렵거나 즐거울 수 있는 것인데, 실체가 아닌 그림자를 보고 겁을 먹는 건 인간이 할 짓이 아니지.

고통: 모든 이가 내 험담을 해.

이성: 기뻐하게. 험담꾼에게 걸리느니 차라리 못된 작가에게 걸리는 게 낫지. 사람들은 격하지만 그 격함은 오래가지 않아. 누구든 떠들 만큼 떠들면 입을 다물게 마련이고, 처음에 제일 세게 떠들던 사람이 제일 먼저 피곤해하지.

고통: 난 천박한 자의 수다 때문에 형편없이 너덜너덜해졌어.

이성: 자네가 만약 어떤 웅변가나 천재적인 시인의 펜에 희생된다면 어떻겠나? 적의 언변 때문에 험담으로

얼룩진 이름이 후세까지 전해진 사람이 많다네. 물론 자기의 이야기를 글로 써 줄 호메로스를 발견한 아킬레우스의 운명 앞에서 알렉산드로스대왕이 부러워 한숨 지은 것은 고귀하다고 생각하지만, 언젠가는 역사가와 위대한 작가들이 자기를 엄격하게 판단할 거라는 생각에 이 대왕이 느낀 두려움 또한 고귀한 거야. 그렇다고 자길 비웃는 작가에게 굴복해선 안 되지. 같은 펜으로 그들을 비웃어 줘야지. 키케로가 살루스티우스에게 했듯이, 데모스테네스[23]가 아이스키네스[24]에게, 또 카토가 헤아릴 수 없이 많은 적에게 했듯이 말이야. 아니면 용기 있게 좌중을 압도하면서 그들의 증언에 반기를 들어야겠지. 칼부스[25]가 바티니우스[26]에게 반대하는 말을 마침내 입 밖에 냈을 때 바티니우스가 칼부스에게 했던 답을 그대로 해 줘야지. "말을 잘한다 하여 사람들이 나를 단죄해선 안 된다."

하지만 자넨 이런 유의 위험을 무릅쓰지 않아도 돼. 대중이 아무리 떠들어도 그 시끄러운 소리는 결국 저절로 또는 순리대로 멈출 거야. 언젠가는 매미의 맴 맴 소리가 끝나고 수다쟁이 까치가 입을 다물 날이 올 거라고.

고통: 내가 쌓은 모든 공적, 모든 미덕은 수포로 돌아가고 이제 치욕만 남았어.

이성: 사랑이 실패를 먹고 자라며 시련 속에서 더 커지고 척박한 땅에 가장 확실한 뿌리를 내리는—오, 놀라워라!—순간이 있지. 그래서 짊어진 짐 때문에 괴로웠던 사람이 오히려 그 짐을 열렬히 좋아하게 되기 쉽네. 이건 인간이 사는 도시에서 잘 알려진 흔한 일이야. 정의와 진리를 위해 고문받고 죽을 뻔했던 사람이 정의와 진리를 가장 사랑하지.

그러니까 자넨 미덕을 사랑하고 날마다 더 갈고 닦아야 해. 자네는 미덕을 위해 평판까지 망쳤지 않나. 자네에겐 평판이야말로 가장 멋지고 소중한 걸 텐데. 미덕을 위해 자네는 치욕이라는 무거운 고문을 견뎌 냈고, 또 모든 걸 무시하고 모든 걸 잃었지 않나. 이제는 일대일로 미덕을 받아안게. 아무도 앗아가지 못할 미덕을. 그리고 미덕에게 말하게. "여왕이시여, 그대를 위해 나는 괴로움을 당했나이다. 그대만이 내게 본모습을 돌려줄 수 있나이다. 내겐 오직 그대만이 만사 대신입니다. 나를 따뜻이 품에 안아 주소서. 그러면 나는 더 이상 수치도 인생의 어떤 타격도 느끼지 않으리다."

친구의 배신

고통: 난 친구에 대해 할 말이 많아!

이성: 친구에 대해 불평하는 사람은 적에 대해서는 어떻게 하지?

고통: 난 친구의 배신을 보았어.

이성: 자네가 친구라고 믿었던 사람이 배신의 마음을 가렸던 너울을 끝내 벗었으면 좋겠어. 그러니 자네 잘못이 종말을 고하는 걸 기쁘게 지켜보게. 하지만 친구가 뿌린 악행의 씨앗이 본인에게까지 스며들지 않도록 조심해. 친구는 그렇다 쳐도 자넨 우정에 충실해야 해. 그들은 그럴 만한 가치가 없었지만, 자네는 남들이 퍼뜨린 역병에 감염되어선 안 될 가치가 있는 사람이거든. 친구의 배신을 보고 끔찍하다고 느껴 더 주의 깊게 자신에 대해 자문하게 될수록 자네는 더욱 언행을 조심하게 될 거야. 그만큼 악덕을 싫어하는 마음은 미덕의 그물코가 될 수 있지.

고통: 나는 알고 보면 그렇게 싫어할 만한 사람도 아닌데 친구들은 날 싫어했던 거야.

이성: 같은 시민끼리도, 같이 사는 사람들도, 부모도

부부간도 형제간도 사실은 서로 싫어한다네. 아버지는 아들을, 아들은 아버지를 미워하고. 미움으로 오염되지 않은 인연이란 없어. 오직 진실한 우정만이 이런 미움을 모르지. 우정은 정의상 다른 관계와는 다르거든. 다른 관계는 모두 미움이 섞여 있으면서도 오래가고, 그러면서도 그 이름을 그대로 갖고 있지만, 우정은 미움이 섞이는 순간 또 거기서 사랑이 빠져나가는 순간 더 이상 우정이라 부를 수 없어. 진정한 친구 사이란 사랑도 미움도 전혀 없는 관계야.

고통: 친구의 배신 때문에 괴로워.

이성: 비록 배신당했지만 일말의 희망이라도 있다면, 친구가 다시 충실해질 때까지 잘 견디고 열렬히 사랑하게. 자신의 감정이 뜨뜻미지근해 우정의 불을 꺼뜨려 버리는 사람도 많지만, 배신할 친구를 미리 경계함으로써 배신을 친구에게 가르친 사람도 있어. 그걸 보고도 깨닫는 게 없다면 자네에게 키케로의 의견밖엔 들려줄 게 없네. 키케로는 이런 조언을 했지. 맞지 않는 우정에선 조금씩 돌아서되, 단번에 관계를 청산하지는 말라고. 단번에 끊으면 두 가지 피해를 보게 돼. 친구를 잃게 되고, 동시에 적도 잃게 되지. 문제가 너무 심각해 머

리를 식힐 시간도 없이 당장 처리해야 하는 상황이라면 몰라도 말이야. 혹시 이런 일이 일어난다면 이 시련을 다른 일처럼, 우정을 만날 수도 있고 용기 있게 우정을 지탱할 수도 있고 상황에 따라 굴복할 수도 있는 최악의 일이라고 여겨야 할 거야. 하지만 진정한 우정은 이렇게 끝나는 법이 거의 없지.

무례한 이웃

고통: 난 이웃 때문에 성가셔.

이성: 자네가 이웃에게 더 성가실지도 몰라.

고통: 내 이웃은 견디기가 힘들어.

이성: 언제나 그렇듯 정말 중요한 건 무엇에 대해 어떻게 생각하느냐야. 그들이 기분 좋은 이웃이라고 상상해 봐. 그러면 그들은 기분 좋은 이웃이 될 거야.

고통: 내 이웃은 안 좋은 사람들이야.

이성: 그렇게 자기 잘못을 이웃 탓으로 돌리는 자가 많다니까! 남의 약점은 꽤나 잘 간파해 정확하게 들춰내고 엄격하게 비판하지만, 정작 자기 잘못은 마음속에서 관대한 증인이자 감정이입을 잘하는 판관을 찾아내

눈감아 주고 말지.

고통: 난 격하고 까칠한 이웃 때문에 괴로워.

이성: 혹시 자네가 이웃의 가치를 제대로 모르는 건 아닌가? 입맛이 없는 사람에겐 아무리 달콤한 것도 쓰게만 느껴지니까.

고통: 난 불쾌하고 거만한 이웃에 대해 할 말이 많아.

이성: 자신이 저지른 숱한 일은 다 괜찮다면서, 남의 잘못은 하나도 그냥 넘어가질 않네. 그래서 어떤 일을 판단할 때 우선 의심부터 하게 되고, 불화도 대부분 이런 게 원인이지. 그리고 잘못을 저지른 사람이 오히려 먼저 나서서 남이 잘못했다고 하는 경우가 많아. 자넨 그런 사람이 기분 나쁘다고 생각하는데, 그들이 보기엔 자네가 불쾌하고 추하고 도무지 구제불능으로 보일지 어찌 알겠나?

고통: 난 앙심을 가득 품은 이웃 때문에 괴로워.

이성: 그 문제에 대해서는 두 가지 치유법이 있지. 꾹 참는 것과 그 자릴 떠나는 것. 난 전자를 추천하네. 참는 기술을 익히면 아무리 까다로운 성질도 부드러워지지.

고통: 하지만 난 여태껏 본 사람 중에 최악인 이웃을 더는 참아 낼 수 없어!

이성: 그렇다면! 참을 수 없다면서 왜 그냥 있지? 당장 이사를 가. 그 짜증나는 이웃이 자넬 뒤쫓아 오지는 않을 것 아닌가! 짊어질 수 없는 무게라면 어깨에서 내려놔야지. 적과 싸우고 싶지 않다면 도망쳐서 그들을 떨쳐 버릴 수 있어. 중요한 건 확실한 곳에 있을 수 있는 방도를 찾는 거야. 어떤 길이든 마음 편한 곳으로 이끄는 길이라면 험하게 느껴지지 않을 거야.

그래도 개선이 되지 않는 일이 너무 잦다면, 남의 잘못도 있겠지만 자네 잘못도 있을지 모른다는 걸 알아야 해. 말다툼은 대부분 양쪽에서 일어나는 거야. 한쪽의 과실이 더 많다고 해서 다른 쪽의 잘못이 없는 건 아니야. 그런데 사람들은 인간이 사회적이고 정치적인 동물이라고 주장하지! 가까이서 들여다보면 이보다 더 사실과 거리가 먼 말은 없다네. 어느 풍자시인이 말했듯 뱀과 맹수 사이가 사람과 사람 사이보다 더 잘 맞아. 왜냐하면 곰, 멧돼지, 호랑이, 사자, 독사, 살무사, 악어, 한마디로 인간을 제외한 모든 동물에게 평화는 한 세대에 가끔씩 돌아오는데, 인류의 경우는 한 번도 그런 적이 없기 때문이야. 끊임없이 인간은 인간을 공격하고 분쟁과 다툼으로 서로를 괴롭혀. 이리하여 자신과 이웃 사이에 말썽이 끊이질 않지. 사물의 이치는 이렇다네. 인간끼리 이웃해 살면 그 마음 사이에 더없이 깊은 골이 파이지. 이웃끼리 다툼과 원한 없이 함께 사는 모습을 보기란 좀처럼 힘들어. 내가 아는 한 어떤 인간도 아라비아의 왕이나 인도의 왕이 나쁘다고 한 적은 없다네. 악의는 근시안이라 멀리 보지 못하거든.

고통: 난 적의를 가진 이웃에 둘러싸여 있어.

이성: 자네가 정말 이 역병을 떨치고 싶다면 사막으로 가게.

대중의 시기

고통: 대중은 날 미워해.

이성: 내가 분명히 말했지. 인기는 그렇게 끝난다고. 인기 다음에는 미움이 오는 법이지.

고통: 대중은 이유도 없이 날 싫어해.

이성: 대중이 이전엔 자네를 물불 안 가리고 좋아했는데, 이젠 싫어한다고 놀라나? 그걸 보면 지나치게 설레고 날뛰는 마음에 저항해야 한다는 걸 배우게 될 거야.

고통: 대중은 날 싫어해.

이성: 대중은 공격할 땐 맹수처럼 빠르면서 의무를
이행할 땐 더없이 느리지. 대중의 사랑은 가볍고 미움
은 무거워.

고통: 대중은 내게 화를 내고 있어.

이성: 대중이 자네를 좋아할 땐 박수갈채를 보내겠
지만, 등을 돌렸을 땐 파멸이지. 대중에게 뭘 바라는 것
보다 더 두려워할 만한 일이 그거야.

고통: 난 대중의 미움의 표적이야.

이성: 집단적 광기에 밀려 개개인이 파렴치한 일을
범하게 될 때 우중愚衆의 폭력만큼 무서운 건 없어. 각자
의 분노는 집단적 광기를 부풀리고, 그 광기는 하나하
나 이어지게 되지. 정의라곤 자기의 의지밖에 없고, 어
서 조언을 얻고 싶은 마음밖에 없는 사람의 손아귀에 떨
어지는 것보다 더 위험한 일은 없다네.

고통: 대중은 날 싫어해.

이성: 그들이 옛날에 자네를 전혀 좋아하지 않았다
면, 지금은 자네를 알아보지도 못할걸! 못된 대중의 사
랑은 항상 미움으로 귀결되지. 사랑도 미움만큼이나 위
험해. 대중이 자넬 몰라야 자네가 안전한 거야.

질투와 부러움

고통: 난 부러움을 받고 있어.

이성: 남의 동정보단 부러움을 받는 게 낫지.

고통: 난 적이 질투해서 피해를 보고 있어.

이성: 미덕과 가까운 사람치고 누군들 괴로운 적이 없었겠나? 지구상의 어떤 장소에서건, 어느 세기이건, 어떤 역사책을 펴건 적의 질투라는 역병에 희생되지 않은 위인은 없을걸. 나는 여기서 논점에서 벗어난 이야기를 하려는 게 아니야. 자네가 책에서 읽은 내용을 기억한다면, 그간 얼마나 많은 걸 읽었는지 알게 될 거야. 그러니까 이렇게 좋은 사람들과 함께했고, 거기서 자부심을 느꼈다는 것이 위안이 될 거야.

고통: 난 부러움의 피해자야.

이성: 그렇다면! 명예나 공적 책무를 다 내려놓고, 성공하고 승진하고 훌륭한 사람들과 함께함으로써 동시대인의 입에 오를 만한 일을 그만하게. 가능한 한 부러움이 담긴 눈길을 피하고 말이야. 자네의 태도와 말과 행동이 남의 주목을 받지 않도록 하게. 큰길이나 대부분의 역병이 번지는 곳에는 악랄한 대중과 그들의 악

의가 팽배하거든. 그건 도망치거나 숨어야만 피할 수 있는 적이지.

고통: 하지만 도망치고 숨어 봐야 소용없어. 가는 데마다 적의가 뒤따라 다니는걸.

이성: 적의 명분을 없애게. 그러면 적의 자체를 없앨 수 있을 거야. 자네의 넘치는 부를 적당히 과시하고 남의 부러움을 살 만큼 특출한 면이 있는 모든 것을 없애거나 감추게. 원치 않거나 없어선 안 될 무엇이 있다면 신중히 다루게. 오만 때문에는 부러움이 강해지지만, 겸손 때문에는 부러움이 누그러지는 법이지.

물론 부러움을 없애는 다른 치료약도 있어. 그런 약은 효험은 있지만, 정작 여기서 문제되는 부러움보다 더 나빠. 그 치료약이란 다름 아니라 비참하고 명예도 없는 삶이야. 비참한 삶, 그런 삶만이 남의 부러움을 사지 않는 삶이라고 할 수 있겠지.[27] 그리고 명예 없는 삶에 대해선 소크라테스가 한 말이 있지. 알키비아데스[28]가 어떻게 하면 남의 부러움을 사지 않을 수 있냐고 묻자 그는 대답했어. "테르시테스*처럼 살게." 테르시테스가 어떤 인물인지 모른다면 호메로스의 『일리아드』를 읽어 보게. 이 말은 아이러니하면서 전형적인 소크

---

* 그리스신화에 나오는 인물로 트로이전쟁에 참가한 그리스의 병사였다. 『일리아드』에서 호메로스는 계급이 낮은 그를 못생기고 우스꽝스러운 인물로 묘사했다.

라테스의 말이기도 해. 미덕에서 멀어진다고 남의 부러움을 피할 수 있는 건 아니야. 테르시테스처럼 남의 부러움을 받지 않고 사느니 차라리 아킬레우스처럼 부러움을 사는 것이 훨씬 낫지. 그렇지만 많은 위인이 안전하게 살려고 때로는 자신의 미덕과 지성을 감춰야만 했다네.

고통: 나는 사방에서 부러움에 둘러싸여 있어.

이성: 부러움을 피하는 다른 길이 있다고들 하지. 위로 올라가 영광을 얻는 길이야. 그렇지만 사람들은 이 길을 별로 가지 않지. 왜냐하면 그 길로 올라가려 했던 사람은 여태껏 피해 왔던 위험에 빠져 다시 추락했기 때문이야.

타인의 무시

고통: 사람들은 날 무시해.

이성: 무시라는 단어에서 네 가지 원칙을 끌어낼 수 있다고들 하지. 세상을 무시할 것. 아무도 무시하지 말 것. 자기 자신을 무시할 것. 남의 무시를 받을 것. 이중 자네와 관계된 것은 마지막 거야.

고통: 누구나 나를 무시한다니까!

이성: 상대가 상급자라면 받아들여. 자네와 동급인 사람이라면 그냥 견디고. 하지만 자네보다 못한 사람이라면 말도 안 되는 소리를 하건 말건 괘념치 말게. 무시하는 그들 자신만 불명예스러워지고 자네는 더 큰 사람이 될 뿐이니까. 테르시테스는 아킬레우스를 무시했고, 조일레우스[29]는 호메로스를, 안토니우스[30]는 아우구스투스 황제를, 에반겔루스[31]는 베르길리우스를, 칼부스는 키케로를 무시했지. 끝으로 가장 심각한 예인데, 복음서에 쓰여 있기를 누구보다 포악하고 비참한 인간이었던 헤롯 왕[32]은 그리스도를 무시했다고 하지. 이렇게 무시해서 무시당한 사람에게 무슨 해를 끼쳤으며, 무시한 사람에게는 무슨 득이 있었나?

고통: 사람들은 날 무시하고 조롱해.

이성: 그들이 뭘 조롱할 수 있다는 건지 난 모르겠어. 하지만 조롱은 어릿광대나 하는 행동이지. 옹졸할수록 별 조롱거리가 없어도 사람들을 더 조롱해. 그러다 끝내는 서로를 조롱하게 되지.

고통: 남들이 날 무시해.

이성: 자네가 혹시 지금 남을 무시하고 있거나 먼저

무시한 게 아닌지—서로 무시하기 좋아하는 인간 사이에서 습관이 된 것처럼 말이야—자문해 봐. 이렇게 인간은 서로를 미워하고 무시하며 폄하하지. 그러면서 자신은 아무도 존중하지 않고 자기만 존중해 주길 바라고 말이야.

그러니 옛 현자의 말마따나 우리가 이 대화에서 언급한 세 가지 재앙*을 촉발하는 것을 피해야 하네. 물론 모든 재앙이 끔찍하지만 그나마 세 번째 재앙이 확실히 덜 끔찍해. 비록 가장 치욕스럽긴 해도 말이야. 게다가 재앙마다 나름의 치료법이 있다네. 사람들은 인내심으로 미움에 대한 위안을 받고, 겸손으로 부러움에 대한 위안을 받고, 유명한 우정과 명예로운 시도와 미덕으로 무시에 대한 위안을 받지. 브루투스[33]를 기억해 봐. 처음에는 로마에서 브루투스보다 무시당한 사람은 아무도 없었는데, 나중엔 그보다 덜 무시당하는 사람이 없었지. 자네도 위대하고 고귀한 일을 하게. 그러면 사람들이 다시는 자네를 무시할 수 없을 테니.

---

* 미움, 부러움, 무시.

거절

고통: 난 방금 거절당했어. 그래서 분해!

이성: 그럼 자네는 요구하는 족족 다 얻길 바라나? 아무도, 아무것도 거절하지 않았으면 좋겠나? 그건 참을 수 없는 오만이야. 유명한 폼페이우스를 기억해 보게. 폼페이우스보다 위대한 사람은 없었지만, 그에 관해 이런 글이 있지. "남이 주었으면 했던 것을 자기가 거절할 수도 있기를 그는 원했다."[34]

카이사르는 영광의 최고봉에 있을 때 초인적으로 위대했는데도 얼마나 많이 거절당해야 했나? 그런데 자넨 사람들이 이것저것 거절하는 것도 견디질 못하다니!

고통: 이런 거절을 침착하게 견뎌 낼 수가 없어.

이성: 그런데 자네가 남에게서 "안 된다"는 말을 할 자유를 박탈해 버린다면 그들에게 뭔가를 요구할 권리는 대체 어디서 나오지? 게다가 승낙했으면 해로웠을지도 모르는 일을 거절당하는 것은 당사자에게 좋은 일일 수도 있어.

고통: 하지만 내가 당한 거절은 부당했어.

이성: 그 거절이 부당했다 해도 요구는 온당했던 거

지. 그러니 거절당한 건 자네 잘못이 아니야. 도리어 그걸 기뻐해야 할걸.

고통: 그 사람이 나에게 거절할 수 있었다니, 난 그 사실을 믿을 수 없어!

이성: 자네가 믿건 안 믿건 거절당했다는 것은 확실해. "아니요"라는 말을 할 수 없는 사람은 자유인이 아니라 노예이지. 그리고 그 말을 못 듣겠다는 사람은 보통 시민이 아니라 폭군이고 말이야.

고통: 내가 원했던 것, 믿었던 것을 난 방금 거절당했어.

이성: 만약 원하는 것과 믿는 것을 언제나 얻는다면, 그건 사람이 아니라 신일걸.

고통: 사람들은 나를 밀어냈을 뿐만 아니라, 그런 대우를 받을 만한 사람이 아닌 자를 나보다 앞서 받아들이기까지 했어.

이성: 별로 장점도 없는 사람이 남보다 먼저 선택되고, 가장 그럴 만하지 않은 사람이 선한 사람을 판단한 경우가 얼마나 많은가? 자기가 그럴 자격이 없다고 말한 사람은 많은데, 실제 생각이 그랬던 사람은 아주 적다네.

고통: 그런데 난 전혀 중요하지도 않은 일을 거절당했어.

이성: 중요하지도 않은 일을 거절당한 사람이 나중에 훨씬 더 큰 것을 얻는 일은 흔해. 설령 당장은 좋은 일이 생겨 실패를 만회한다 해도 운명의 저울은 결국 균형을 잡게 돼 있지. 하지만 인간이 분노하면 저울에서 실패 쪽만 무거워지고 좋은 일 쪽은 잊히고 숨겨져 가벼워지는 법이야.

고통: 내가 판단하기에 난 거절당할 만한 사람이 아닌데.

이성: 그렇다면 자네는 사람들이 그럴 만한 사람인지 아닌지에 따라 동의하거나 거절한다고 생각하나? 그렇기만 하다면야 얼마나 좋겠나! 사람들은 선한 이가 소원이 이뤄지지 않아 실망해 괴로워하는 것을 보는 대신 악인이 벌을 받을까 봐 잔뜩 압박받는 것을 보게 될 거야. 그런데 실제로는 그렇지 않으니…… 사랑, 미움, 욕망, 욕심, 이 모든 무형의 정념 때문에 일이 엉망이 되는 거야. 자네는 사람들 사이에 흔한 풍습대로 적응하지 않고, 운명이 모든 사람과 관련된 일을 자네 한 사람만을 위해 바꿔 놓았으면 하지.

고통: 난 그 이상을 바랐지. 얻은 것이 이렇게 적을 인생을 살진 않았어.

이성: 아프리카에서 승리한 스키피오[35]처럼 처음엔 거절당했던 것을 나중에 얻어 내는 사람도 많지 않은가? 용기와 집요함으로 전혀 돌이킬 수 없었던 거절까지 무마해 버린 경우도 많다네.

한번 실패했다고 희망을 버려선 안 되고, 마음이 더 자극받고 용기가 솟아야 해. 미덕으로 완화되지 못할 만큼 끔찍한 실패란 없어. 설령 미덕이 아무것도 할 수 없다 해도 미덕을 저버리면 안 되지. 미덕을 간직함으로써 우리가 미덕을 기르는 게 그 자체로 목적이 아님을 보여 줄 수 있으니까. 스키피오 같은 위인은 실패를 용기 있게 받아들인 사람이야. 반면 푸블리우스 루틸리우스 같은 사람은 상원이 자기 형을 집정관으로 임명하는 걸 거부했다 하여 당장 죽어 버렸지. 어떤 쪽을 본보기로 삼을지 자네가 선택하면 되네.

형제와의 불화

고통: 내 형제는 나와 잘 맞지 않아.

이성: 그런데 그쪽에선 아마 자네가 자기와 맞지 않는다고 생각할걸? 형제간에 마음이 맞아 일심동체가 되지 않으면, 이 끝없는 전쟁에서 서로 반대되는 양극단만 보인다네. 이건 끔찍하지만 아주 오래된 병 같은 거야. 이 세상이 생겨날 때부터, 또 수도 로마를 처음 세울 때부터 그랬으니까. 로마라는 고대 도시에도, 그보다 훨씬 오래된 이 세상에도 형제끼리 치고받고 죽인 수치스러운 흔적이 남아 있다네. 그러니 누구보다 유명한 형제간*에 일어났던 일이 지금 숱한 형제간에 되풀이되는 것도 그리 놀랄 일은 아니지.

고통: 우리 집에는 내게 사사건건 트집을 잡는 형제가 있어.

이성: 이미 좁디좁은 어머니 뱃속에서 벌어졌던 일이 커다란 집에서 다시 벌어지는 게 뭐가 놀라운가? 옛날에는 이런 일이 좀 더 큰 수수께끼를 가리는 너울 역할을 하기도 했지만, 책을 보면 이게 때로 형제끼리의 말다툼에 그치지 않았다고 확실히 나와 있어. 서로 싸우기까지 했지. 그러니 형제간에 무기를 들고 태어나기 전부터 있었던 싸움을 계속하는 광경은 전혀 새로운 게 아니야.

---

* 로마신화에서 로마를 세운 쌍둥이 형제 로물루스와 레무스를 가리킨다. 태어나자마자 버려진 이들을 암늑대가 젖을 먹여 키웠는데, 이후 형인 로물루스가 왕이 되기 위해 동생인 레무스를 죽인다.

고통: 내 형제가 날 미워하고 계속 트집을 잡아.

이성: 형제간의 우애보다 더한 사랑은 없어. 하지만 사랑이 미움으로 변하면 이보다 더 제멋대로인 것이 없고 이보다 더 사나운 질투도 없지. 그만큼 형제 사이엔 그들을 움직이는 경쟁심이 활활 타오른다네. 일단 올바른 길을 벗어나면, 상대방에게 굴복해야 한다는 수치심, 내가 더 나은 사람이었으면 하는 간절한 욕망, 둘이 함께 간직한 어린 시절의 추억, 서로의 애정을 키워 왔을 모든 것이 끼어들어 미움과 경멸이 더 커지는 거야.

짐짓 상대에게 잘 맞춰 주는 척, 겸손한 척하며 본성을 거스르는 이 마음의 광기를 살살 달랠 수도 있겠지. 하지만 저쪽이 도저히 상대해 줄 수 없게 군다면 혹은 자네 자신이 최선의 태도나 가장 유용한 태도를 억지로라도 보이지 않는다면, 상황이 재앙으로 변하기 전에 쓸 수 있는 약은 하나밖에 없어. 이 병의 뿌리를 아예 뽑아 버리고 형제가 같이 살지 말아야 하네. 같이 사는 것이 모든 불화의 원천이야. 설사 자네가 권리를 좀 잃는다 하더라도 미덕과 좋은 평판을 얻게 된다는 걸 생각하면 쉽게 해결책을 찾을 수 있을 거야.

심술궂고 오만에 찬 질투의 그물코에 대적하기엔

선함과 유함이라는 너그러움보다 더 좋은 무기가 없지. 이건 순금 같은 무기라서, 형제간에 평화와 선의를 되찾아 주고 이를 가정에까지 되돌려 준다네. 너무나 맞는 말인 옛 격언을 기억해 보게. "모든 불화와 전쟁의 동기는 이 두 가지―내 것과 네 것―다." 만약 인생에서 내 것과 네 것 두 가지를 뺄 수만 있다면 형제는 확실히 평화롭게 살아갈 수 있을 거야.

부모의 죽음

고통: 난 부모님을 잃었어.

이성: 잘됐어. 살아 계실 때는 그렇게 다툴 거리를 찾더니, 지금은 아무리 찾아도 계시질 않지. 공평한 거야. 부모님 생전에는 권위가 그토록 부담된다더니, 이제 와서 아쉬워해 봤자 소용없지.

고통: 좋은 분들이셨는데, 그분들을 잃었어.

이성: 부모님은 좋은 자식을 남기고 가셨어. 자넨 오히려 축하해야 해. 항상 부모님이 바라셨던 것, 즉 자식의 안전을 확인하고 이 세상을 떠나셨으니 말이야.

고통: 난 부모님을 잃었어.

이성: 좋은 자식이라면 운명의 타격 중에 자기에게 닥친 사고로 부모님을 괴로움에 빠뜨리는 것보다 더 두려운 일은 없지. 이제 자네는 자신밖에 거칠 것이 없으니, 앞으론 더 태평하게 살 수 있을 거야. 자네에 대한 소문이 돌면 상처받고, 자네가 불행해지면 기가 꺾이고, 자네가 아프면 더 늙고, 자네가 죽으면 같이 돌아가실 부모님은 이제 안 계셔.

고통: 날 그렇게 사랑하시던 부모님을 잃었어!

이성: 부모님에 대한 사랑으로 부모님을 잃었다는 불운을 위로받고 싶다면 지난날을 기억해 봐. 자넨 부모님께 잘해 드렸고, 할 수 있는 한 의무를 다했잖아. 비록 부모님은 돌아가셨지만 자네의 사랑은 그대로 남아 있어. 만약 그렇지 않다면 자넨 언제까지나 상을 치르고만 있을 거야.

고통: 부모님은 돌아가시면서 날 혼자 남겨 두셨어.

이성: 순리를 받아들여. 부모님이 먼저 세상에 오셨으니 먼저 가신 거야. 자네를 버린 게 아니고 자네보다 먼저 가신 거지.

자식의 죽음

고통: 난 자식을 잃었어!

이성: 자식을 잃었다고 하지 말고 자식이 먼저 떠났다고 하게. 자네도 머지않아 그 뒤를 따라갈 테니. 어쩌면 오늘 당장. 누가 알겠나? 이 시간이 끝나기도 전에 죽을지. 산다는 건 확실한 게 전혀 없지만 죽는다는 것만은 확실하지. 자네가 자식을 뒤따라갈 거라고 했지만, 이미 자식을 따라가고 있어. 시시각각 뒤따르고 있다는 게 맞겠지. 어떤 순간에도 사람은 죽음에 가까워지는 걸 멈출 수 없고, 고른 걸음으로 죽음을 향해 나아가고 있다네. 이건 참 말하기 좋은 일이지! 자유인이건 사슬에 묶인 몸이건, 서 있건 걷고 있건 앉아 있건 몸이 아프건, 깨어 있건 자고 있건, 사람은 누구나 종말을 향해 나아가는 거야. 배로 항해 중인 사람처럼 움직이지 않는 것 같아도 은연중에 앞으로 나아가는 거지.

고통: 잃어버린 자식이 보고 싶어. 난 그것 때문에 고통스러워.

이성: 마음을 가라앉히게.

고통: 난 자식을 잃었어.

이성: 자식이 없어짐으로써 이제 자네의 두려움도 다 없어졌고, 자네가 죽든가 자식이 죽어야만 마를까, 도무지 마를 길 없는 근심 걱정의 원천도 없어진 거야. 죽음만이 부모에게 믿음을 돌려주는 법.

고통: 난 자식을 잃어버렸어.

이성: 착한 자식이었다면, 자넨 자식 때문에 걱정할 게 없어. 확실한 곳에 가 있을 테니. 악한 자식이었다면, 앞으로 자네가 살날이 얼마나 남았는지 헤아려 보게. 자네를 늙게끔 밀어붙이던 장본인을 잃은 것뿐이니.

고통: 죽음이 때 이르게 내 자식을 앗아 갔어.

이성: 아니, 때 이른 게 아니야. 죽음은 아무 때나 닥칠 수 있으니까. 어떤 나이에든 죽음은 닥칠 수 있고, 청소년기에 죽는 일은 헤아릴 수 없이 많아.

고통: 난 죽은 자식이 생각나 울고 있어.

이성: 자식이 죽은 것이 아쉬워 운다면 자식이 태어날 때 진작 울었어야지. 그때부터 아이는 죽기 시작하는 셈이니 말이야. 이젠 다 끝났어. 그러니 자식의 운명도 자네 운명도 한탄하지 말게. 이게 모든 것 중 가장 나은 운명이니까. 자식은 불확실한 길을 뒤에 남기고 간 거야. 자네는 자식이 안전하게 피신한 것을 보고 이젠

베르길리우스의 말대로 "그대가 그렇게 좋아하는 짐도 다른 어떤 것도" 닥쳐올까 봐 두려워하지 않아도 돼.

친구의 부재

고통: 난 친구가 없어서 괴로워.

이성: 그런 일도 생기지. 하지만 친구의 죽음을 겪어 본 사람이라면 그런 부재를 더 쉽게 견뎌 낼 것이고, 친구의 죽음으로 기진맥진한 게 아니라면 친구가 떠났다 해서 기가 꺾이진 않을 거야.

고통: 나와 가장 친한 친구는 멀리 있어! 난 오른손이자 오른눈 같은 친구를 잃은 거야!

이성: 그들이 돌아올 기약 없이 떠난 거라면, 사람이 견디지 못할 일은 세상에 아무것도 없다는 말을 해 주지.

고통: 난 친구를, 내 반쪽을 잃었어.

이성: 호라티우스는 베르길리우스를 "내 영혼의 반쪽"이라 불렀지. 그 후 많은 사람이 이 표현을 써서 속담처럼 되어 버린 지 오래라네. 하지만 설령 자네 친구가 정말 자네만의 것이라 해도 ─ 혈연으로는 아니겠지

만 자연 법칙상 말이야─그의 부재가 어떤 점에서 우정에 해로울 수 있다는 것이며, 어떤 점에서 그 친구가 자네 옆에 앉아 있고 함께 걷고 진지하거나 가벼운 이야기를 하며 이 자리에 있었다면 하지 않았을 일을 계속하게 된다는 거지? 정말이지 인간이 눈에 보이는 것만 본다면, 사람들이 곁에 있어야만 즐거움을 느낀다면, 인간의 시야는 얼마나 좁으며 그 즐거움이란 얼마나 편협한가!

고통: 난 친구가 실제로 있으면 힘든데, 이런 달콤한 회한은 괴로워.

이성: 하지만 인간은 항상 쓰디쓴 일 때문에 힘들지 달콤한 일 때문에 힘들진 않아. 지금은 이 말을 들어 보게. 천박한 사람은 들을 수 없는 말이니까. 사실 다른 이들과 있으면 난 좋으면서도 얼마나 피곤한지 몰라. 친구끼리도 작은 일로 부딪칠 수 있지. 그러면 가장 좋아하는 사람, 가장 간절히 거기 있어 줬으면 하는 사람─친구나 형제나 자식─이 일이나 사업에 방해되니 제발 멀찌감치 떨어져 있어 주었으면 하는 일도 생기지. 하지만 막상 그들이 없으면 그렇게 쓸쓸할 수가 없고, 그렇게 상처가 될 수가 없어. 회한만 남지. 그런데 회한이

란 자네도 고백하다시피 일면 달콤하기도 한 거야.

고통: 내 친구는 이제 여기 없어.

이성: 때론 친구가 떠나 봐야 그 친구의 진가를 알 수 있지. 매사가 그렇지만 우정도 너무 자주 보면 보고 싶은 마음이 사라지고, 없으면 보고 싶은 마음에 불이 붙는 법이야. 연애에서 모든 즐거움은 상대방이 있다는 데서 오기 마련이지. 이별이 연인에게 유용할 수 있다고[36] 연애의 달인은 확실히 말했는데, 친구라고 왜 안 그렇겠나? 친구 사이의 행복은 모두 그 자리에 없더라도 변함없는 미덕에서 온다네. 미덕은 어디에나 있으니까. 그러니 쉽게 회한을 품지 말게. 그러느니 차라리 떠나지도 죽지도 않아 빼앗기지 않은 친구를 얼싸안아 주게.

속박과 구속

고통: 난 감옥에 갇혔어.

이성: 감옥에 갇히지 않은 사람이 대체 누구란 말인가? 죽을 때 말고 감옥에서 나올 수 있는 사람이 누구란 말인가? 자네의 운명은 새삼스러울 게 없고, 모든 이의

운명이 다 그렇다네. 왜 지금 불평하나? 태어난 날부터, 태어나기 이전에도 자넨 감옥에서 살아왔다는 것을 알아야 하네. 누구보다 위대한 시인의 말대로라면 삶 자체가 "앞이 안 보이고 어두컴컴한 감옥"37)이야. 자네가 행복하게 풀려나고 싶다면 비좁은 감옥에도, 고문에도, 죽음에도, 인간에게 닥칠 수 있는 그 어떤 일에도 압도되지 말게. 이렇게 해서 자기 영혼을 단련할 수 없고 고통을 겪고 또 이 모든 것을 무시할 준비가 되어 있지 않은 사람은 아무리 돈이 많아도 그보다 훨씬 더 위험한 길로 가는 셈이니까.

고통: 나는 비좁고 더러운 감옥에 갇혀 있어.

이성: 자네의 가엾은 육신보다 더 더럽고 비좁은 감옥은 없네. 그런데 자네는 그 육신에서 행여 벗어나게 될까 두려워하지.

고통: 사람들이 날 감옥에 가둬 놓았어.

이성: 누가 알겠나? 감옥에 가둬 놓았다기보다 거기서 자네를 지키고 있는 건지. 감옥을 나와 적의 칼에 맞아 쓰러지거나, 더 나쁜 경우 가난 때문에 쓰러지는 사람도 많아. 그런 사람은 나온 것을 얼마나 후회했겠으며, 길게만 보이던 감금 상태가 영속되지 않은 것을 얼

마나 한탄했겠나? 감옥에서 잘살던 사람이 밖으로 나오자마자 가난하고 어려운 삶을 슬프게 끝낸 경우도 있다네.

고통: 하지만 나는 감옥에서 비참한 삶을 이어 가고 있어.

이성: 감옥에서 책을 쓴 사람도 있는데, 자넨 쓸데없는 불평만 하고 있군. 그 안에서 글을 배운 사람도 있는데, 자넨 그나마 있던 인내심까지 잃고 있어.

고통: 난 간수의 권력에 굴복해 꼼짝을 못하겠어.

이성: 하지만 동굴이나 좁은 감옥을 택해 일부러 갇힌 사람도 많아. 신을 사랑해서, 이 세상이 싫어서, 대중이 지긋지긋해서 말이야. 나는 이런 말을 해 주고 싶네. 갇히고 싶지 않다면, 감금 생활이 끝나기를 바란다면 조금만 기다리게. 사람이 풀어 주지 않는다면 감옥의 또 다른 열쇠를 쥔 죽음이 풀어 줄 테니. 감옥에 입구는 하나이지만 출구는 많아. 사면을 받아 풀려난 사람도 있고, 힘으로 풀려난 사람도 있어. 무죄로 풀려난 사람도 있고, 간수가 한눈파는 사이에 탈옥한 사람도 있고, 보석금을 내고 풀려난 사람도 있고, 꾀를 내어 지하생활자의 도움을 받거나 밤의 어둠을 틈타 나온 사람도

있지. 자네 조상 중에는 심지어 지진으로 감옥이 무너져 탈옥한 죄수도 있었다는 기억이 날걸. 그리고 무엇으로도 꺼내 줄 수 없는 사람은 죽음이 찾아와 마침내 감옥에서 나오게 될 거야. 마지막으로, 투옥되었다는 사실 때문에 어울리지 않는 영광을 누리게 된 사람도 있고, 한없이 운이 좋아진 사람도 있네. 개중엔 하늘이 열린 사람도 있고. 감옥에서 나온 모든 사람에게는 무덤이 열린 셈이기도 하지. 감옥은 사람을 끝까지 가두어 두지 않고 끝내는 풀어 주고 마니까.

원치 않은 이주와 망명

고통: 난 망명해서 괴로워.

이성: 단기 망명이라면 곧 조국으로 돌아가게 될 거야. 장기 망명이라면 다른 조국이 생길 거고. 자네를 조국에서 쫓아낸 사람들은 아마 조국이 없을 거야. 어떤 일을 여론에 따라 보지 않고 있는 그대로 본다면 자네는 이미 망명 중인 셈이야. 구석에 들어앉아 마치 세상에서 쫓겨나 할 수 없이 망명한 양 구는 사람은 생각이 아주 편협한 사람이지! 망명했다고 징징대는 사람은 높은

경지에 오른 것과는 거리가 멀어. 높은 경지에 오른 사람이라면 세상을 작디작은 감옥처럼 봐야 하네.

소크라테스는 어디 출신이냐는 질문을 받자 "세상 출신"이라고 대답했지. 이거야말로 정말 소크라테스다운 답이네. 아마 다른 사람 같으면 "아테네 출신"이라고 답했을 거야. 하지만 소크라테스는 온 세상을 자기 나라로 본 거지. 사람들이 보통 말하는 세상, 즉 땅만이 아니라 하늘까지 포함하는 세상, 이것이 세상이란 말의 새로운 진짜 의미야. 땅만 말하는 좁은 의미의 세상을 따라 자네 영혼이 숨 쉰다면, 그것이 조국이지. 그래서 자네는 지상에서 어딜 가든 스스로 이방인, 망명자처럼 느끼는 거야. 자기가 살지 않는 곳이나 잠시 살았던 곳을 누가 조국이라 부르겠나? 우리 모두에게 진짜 조국은 언제나 평화롭게 머물러도 안심이 되는 곳이야. 그런데 지상에 과연 그런 나라가 있는지 찾아보게! 찾아봐도 아마 소용없을 거야.

자연 법칙도 그렇듯 또 그 법칙 때문에 인간이 갖는 한계에 따르면 이승에서 사는 동안은 온 땅이 인간의 조국이지. 그 일부분에서 잠시 떠나 있는 것으로 '망명했다'고 말하는 사람은 병 때문이라기보다는 영혼의 결

함 때문에 괴로워하는 거야. 오비디우스는 "용감한 사
람에게는 온 땅이 다 조국이다"[38]라고 했고, 스타티우
스[39]는 "땅은 다 누군가가 태어난 땅이다"[40]라고 했어.
자네는 무기처럼 이 말을 몸에 지니고 어딜 가나 한결같
은 인간이 되었으면 하네. 그래서 어딜 가나 고향에 있
게 되기를. 그렇지 않으면 어딜 가도 고향은 따로 없는
거야!

고통: 난 망명을 떠나라는 명령을 받았어.

이성: 훌쩍 떠나게. 이건 여행이지 망명이 아냐. 망
명은 떠날 기회도 되지만 돌아올 기회도 된다는 걸 기억
하게. 자기 나라에 있을 때보다 망명지에서 살 때 운이
더 나쁜 건 아닌 사람도 있을 테니까.

고통: 나는 망명을 떠나.

이성: 쉬러 떠나는 거지. 망명은 비참한 생활 같지만,
자넬 기다리는 건 진정한 행복이야. 망명을 떠나면 적
어도 누굴 샘낼 일은 없네. 그러니 안전을 꽉 붙들라고.
안전은 영광과 함께 주어지는 거야! 확실하고도 명예
롭게 몸을 피하는 것보다 더 달콤한 일은 없어. 세상 모
든 도시의 광장에 가도 찾아볼 수 없는 이점이 바로 그
거지.

고통: 난 사람들 때문에 조국에서 쫓겨났어.

이성: 나쁜 놈들이 쫓아낸 거지. 그러니 좋은 사람 편에 합류하라고. 그래서 자네가 조국에 맞지 않는 게 아니라 조국이 자네에게 맞지 않음을 보여 줘. 조국이 자신의 부족함을 느꼈으면 하네. 그리고 자네가 아무것도 잃는 것이 없었으면 해. 동시대 시민으로 말하자면, 나쁜 시민이 예전에 자네에게 품었던 증오와 경계심을 후회했으면 해. 자네의 존재로 말미암아 그들이 느꼈던 곤란이 자네가 떠나면서 사라지기를. 그들의 시선과 생각이 떠나가는 사람과 함께하기를. 이런 나쁜 사람들이 언젠가는 버림받았다는 느낌에 괴로워하기를. 그리고 자네는 지금 이렇게 좋은 벗과 함께 떠나는 것을 기뻐해야 하네. 뒤돌아보지 말고, 언젠가 돌아올 생각도 하지 말게. 멀리 떠나 있는 동안 자넬 원하는 사람들과 함께 있고 싶다고 안달하지도 말게. 스스로 결정했어야 할 일을 이제 의무로 해야 한다고 불평하지도 말고. 자넨 동시대 시민의 시샘 앞에서 굴복하지 않을 수 없었고, 망명을 떠남으로써만 그 시샘을 피할 수 있었으니까.

고통: 난 망명길에 올랐어.

이성: 편안한 마음으로 떠나 즐겁게 길을 가게.

자신과의 불화

고통: 내 영혼은 자기 자신과 불화해 온갖 정념으로 자신과 싸우지.

이성: 그 다양함을 끝내야 해. 처음부터 원하는 한 가지만 하게. 그러면 불화하던 정념들이 반항적인 시민처럼 하나의 의지로 모여 마음에 질서와 평화가 다시 깃들 거야. 그러지 않는다면 상반되고 서로 방해되는 기운이 모여 몸에 열이 나듯, 상반되는 정념들 때문에 마음에 열이 나겠지. 몸의 열보다 마음의 열이 훨씬 위험해. 그만큼 마음은 몸보다 고귀한 것이고, 영원한 죽음은 언젠가 끝나는 것이라기보다 끔찍한 것이지.

고통: 하지만 내 마음은 전쟁같이 복잡해서 정작 자신이 뭘 원하는지도 몰라.

이성: 자넨 병과 그 원인을 한꺼번에 말하고 있어. 자신이 뭘 원하는지 모르기에 마음이 전쟁 같은 거야. 마음이 어느 한쪽을 택하면 싸움은 즉시 사라질 거야. '택한다'는 것은 어느 쪽이 최선인지 정한다는 뜻이지. 자네가 나쁜 행동을 하면 투쟁은 더욱 거세게 다시 시작될 거야. 사실 악덕은 악덕끼리 서로 싸우는 반면, 미덕 사

이엔 항상 완전한 동의가 이뤄지기 마련이거든.

고통: 내 마음은 갈가리 찢겨 불화가 지배하고 있어.

이성: 철학자는 마음에 세 부분이 있다고 하지.[41] 첫 부분은 성채의 맨 윗부분, 즉 머리야. 머리는 천상의 것으로 평온하고 인간의 삶을 통제하며, 흔들림 없고 명예로운 의지도 깃들지. 이제 두 부분이 남았네. 두 번째 부분은 가슴인데, 분노와 충동이 여기서 끓어오르네. 세 번째 부분은 아랫배인데, 식욕과 욕망이 있는 곳이고. 우리 안의 이런 바다에는 두 가지 폭풍우가 치기 쉽지. 자네가 어떤 반응을 보일지 관찰하는 건 자신에게 달린 일이야. 그러니 메네니우스 아그리파[42]처럼 하게. 그와 관련해 뭔가 문제가 터졌을 때, 그가 낸 유익한 의견 덕분에 양분되었던 로마는 처음처럼 하나가 될 수 있었지.[43] 억지로든 추론으로든, 자네의 고귀하지 못한 부분이 다른 부분에 복종하도록 하게. 그래야 마음의 평화를 되찾길 바랄 수 있으니까. 마음의 평화 없이는 인생이란 망설임과 어느 편에 설까 하는 의혹과 흔들림과 변덕과 맹목과 불행 속에서 지나가 버리니 말이야.

고통: 난 결정을 못 내리고 흔들리며 여러 부분에 끌려다니는 느낌이 들어.

이성: 망설인다 함은 마음의 건강이 좋지 않다는 큰 신호야. 몸이 아프면 자꾸 옛날 아기 때 자던 침대로 돌아가게 되듯 마음이 아프면 이리저리 왔다 갔다 하는데, 내가 볼 때 이것이 치료약도 없는 감정이라는 거야. 나는 망설이지 않고 악덕에 집착하는 사람에게 차라리 더 희망이 있다고 봐. 왜냐하면 이런 사람은 적어도 일단 미덕으로 돌아서면 일관성 있게 미덕을 지키거든. 반면 어느 쪽을 택할지 결정 못하고 이랬다저랬다 하는 사람은 설사 좋은 일을 시작한다 해도 끝까지 가지 못해. 그런 사람은 아무것도 끝맺지 못하고 발전도 없어.

고통: 난 어느 쪽에 설지 확실히 몰라서 흔들려.

이성: 그래서 자네 마음이 한없는 위험을 무릅쓰게 될 뿐 아니라 자네 얼굴 자체도 그 영향을 받게 되는 거라네. 자네 얼굴은 불확실하고 계속 변하며, 키케로의 말대로 이목구비에 그대로 드러나는 마음 상태에 따르고 있어. 자네가 이런 상태로 기뻤다 슬펐다 두려웠다 안심했다 설렜다 느려졌다 하는 한 변덕스러운 기분을 있는 그대로 뻔히 내보이는 셈이야. 카틸리나가 그랬다고 하듯이 말이지.

하지만 자네가 마음에 질서를 부여한다면, 그래서

하나의 목적을 정하고 한쪽 편만 든다면, 그건 좋은 쪽이어야 할 거야. 악의 본성 자체가 다종다양하다는 점이니 말이야.

늙음

고통: 난 늙었어.

이성: 쉼 없이 걸어와 이제 목적지에 거의 다 왔다는 것이 놀라운가? 그렇게 가닿으려던 목적지에 이르지 못하는 것이 오히려 더 놀라운 일일걸.

고통: 난 늙었어.

이성: 살면서 어떻게 늙지 않을 수 있겠나? 그리고 앞으로 나아가는데 어떻게 목적지에 당도하지 않을 수 있겠나? 자넨 나이를 거꾸로 먹었으면 좋겠나? 시간은 흘러가고 획획 달음질칠 뿐 결코 뒤로 돌아가지 않아.

고통: 난 참 빨리도 늙었어!

이성: 인생은 짧을 수도 있고, 때론 너무 짧을 수도 있지. 너무 길 수는 절대 없고 말이야. 인생은 떨떠름하고 불확실한 채로 항상 계속된다네. 마지막 단계는 노년이고, 그 끝은 죽음이야. 어떤 것에 대해 다른 것보다

더 불평을 하겠는가? 자넨 늙었어. 이제 인생의 짐을 다 진 건가? 자넨 고통의 끝에 이른 거라고. 이제 푹 쉬게. 길을 걸어오느라 기진맥진한 나그네가 미쳤다고 이 길을 처음부터 다시 걷겠나? 지친 사람에게 숙소보다 더 좋은 건 없지.

고통: 난 늙었어.

이성: 힘든 일을 뒤로하고 난 지금을 그렇게 못 견뎌 하다니, 삶의 힘든 일이 그렇게 좋단 말인가?

고통: 난 늙었어. 아, 나의 잃어버린 청춘이여, 돌이킬 수 있다면!

이성: 아, 그것참 어리석고 쓸데없는 소원이군! 적어도 자네가 말하는 의미로는 말이야. 이런 소원이 더 수준 높은 생각에서 나온 거라면, 그 소원은 헛되지 않을 것이고 자네 청춘은 정말 다시 돌아올 거야.

고통: 난 늙었고, 좋았던 시절은 이제 내 뒤에 있어.

이성: 세월은 잘 쓰는가 못 쓰는가에 따라 좋을 수도 나쁠 수도 있어. 하지만 누구나 세월이 너무 짧고 선행의 보상과 악행의 형벌을 받을 마지막 날이 가까워 온다고 보지. 단맛이 조금 있다 해도 세월이 어찌나 빨리 흐르는지 달콤한 느낌이 없어질 만해. 세상에 도망을 좋

아할 사람이 누가 있겠나? 다리우스가 도망칠 때, 짜고 역한 물을 한 모금 마시고 나서 "갈증이 나니 물맛이 좋다"고 했지. 갈증이 나서 물맛이 좋게 느껴졌다는 건 키케로의 말이고, 난 사실 다리우스가 두려워서 물맛도 몰랐을 거라고 봐. 다리우스를 무찌른 알렉산드로스대왕은 그를 바짝 추격했지. 인간을 뒤쫓는 것은 급박한 시간, 빠른 세월, 흘러가는 나날, 휙휙 날아가듯 가 버리는 시간이야. 인간 앞에 남은 건 죽음밖에 없어. 뒤로 돌아가거나 천천히 움직여 이 문제에서 벗어날 방도는 전혀 없다네. 시련과 공포만 가득한 이 삶에서 좋은 세월이 어디 있는지 말해 보라고.

하지만 난 잘 아네. 인간이 "좋다"고 한 그 세월은 사실 쾌락을 추구하고 막 살면서 보낸 세월이라는 걸. 인간은 일단 마음에 드는 것은 그 결과가 아무리 안 좋더라도 좋다고 본다네. 그러니까 해적은 무고한 포로들을 묶어 놓는 사슬을 좋아하고, 폭군은 백성의 자유를 구속하는 족쇄를 좋아하고, 독살자는 독약을 좋아하고, 살인자는 사람을 죽이는 데 쓰는 단도를 좋아하는 거야. 이와 마찬가지로 자네는 무엇보다 욕망에 가장 잘 부응하는 나이를 좋아하지. 그래서 흘려보낸 세월이 돌아올 길 없이 사라졌다며 징징대는 사람 중에 유년이나 초년─노년에서 가장 멀리 떨어지는 것이 이상적이라면, 인생에서 가장 아름다운 시기여야 할 이때─을 그리워하는 사람은 아무도 없는 거야. 그렇지, 그들이 간절히 부르는 시기는 힘이 넘치는 시기도 아니고, 초로기도 아니고, 최악의 시기이자 가장 위험한 시기인 청년기라네. 그들은 말하지. 오, 나의 스물다섯 살 시절은 어디로 갔는가? 과거에 막 살았다는 후회에 대해선 아무도 오해가 없기를. 그러니까 인간이 바라는 건 마음대로 아무거나 해도 됐던 그 시절이 되돌아오는 거지!

　　고통: 노년이 갑자기 닥쳐왔어.

　　이성: 아니야. 노년은 알게 모르게 조금씩 조금씩 온 거야. 노년을 생각하지 않는 사람에겐 모든 게 갑자기 닥쳐온 것만 같지. 반면 노년을 준비해 온 사람에겐 아무것도 갑작스러운 건 없다네. 늙었다고 한탄한다면, 아마 살면서 매일매일 울어야 할걸. 지금 상태가 되기까지 자네를 이끌어 온 발걸음이 그 매일매일이니까.

　　고통: 난 너무 늙었어!

　　이성: 아니야. 늙은 게 아니라 원숙한 거야. 이게 과연 탄식할 일인가? 사람들이 사과가 잘 익었다며 거기

에 의미를 부여한다면, 과연 사과가 자기는 너무 익었다며 투덜거릴까? 사과는 오히려 태어난 목적을 달성했다고 좋아하겠지. 만물이 그렇듯 인간의 삶도 이른바 노년이라는 원숙기가 있지. 그러니 보라고. 어떤 사람이 한창 젊은 나이에 죽으면 안타까워하고 씁쓸해하지. 사실 씁쓸한 것이 이런 거고. 그런데 원숙함이 이 씁쓸함을 달콤하게 만들어 준다네. 사과와 그 밖의 과일 입장에서도 잘 익은 게 좋은 거라면, 사람에게 원숙함이란 이보다 훨씬 더 좋은 거야. 물론 충분히 익기도 전에 망가지는 사람이 많다는 건 알아. 그렇지만 잘못은 나이에 있는 게 아니라 인간이 본래 사악하다는 데 있어. 누구나 그런 건 아니고 그런 사람이 많다는 거지. 인간은 선을 위해 태어났지만 굳이 힘들여 악을 행한다니까!

하지만 마음속에 고귀한 수액이 조금만 있다면 자넨 원숙해져야 해. 자네를 따 줄 손을 두려움 없이 기다리게. 자네가 두려워하는 것은 죽음이 아니라 힘든 일이 끝나고 시작되는 새로운 삶이야. 내 말하거니와, 그건 죽는 게 아니라 어려운 삶이 끝나는 거라네. 행복한 여행을 마치고 그런 경지에 이르는 사람은 별로 없어. 거의 모두가 울부짖고 난파당해 맨몸인 채로 좌초하고 말지. 자넨 노년을 맞았으니 삶이라는 여행을 잘해낸 거야. 순풍이 불어와 거친 세파에 시달리지도 않고 이제 항구에 들어오는 거라고. 목적지가 어디건 이제는 파도에 시달리던 쪽배를 해변으로 끌어당겨 끝을 잘 맺을 일만 생각하면 돼. 좋았던 시절을 생각하며 바보처럼 울고 가장 좋은 어머니인 자연을 탓하고 푸념하는 것보다는 어쨌든 그게 더 유용할 거야.

악몽

고통: 난 악몽에 시달려.

이성: 어느 현자의 말로는 꿈이 많은 건 걱정이 많아서라더군. 자네가 즐겨 읽는 라틴어 저자도 그렇게 말했고. 그러니 그 나쁜 것일랑 아예 뿌리째 뽑아 버리게. 걱정을 몰아내라고. 그러면 악몽도 절로 없어질 거야. 말해 보게, 이토록 짧은 생에서 그렇게 애면글면한들 무슨 소용 있나? 그런 걱정거리는 이미 아무 쓸모도 없는 것을. 속상해한들 무엇 하나? 인간이 물불 안 가리고 달려든 결과가 고작 이거라네. 걱정으로 삶이 엉망진창이 되고 자다가도 악몽을 꾸곤 하는 것.

인간은 모든 시간을 괴로움으로 만들지. 과거는 슬픔의 대상, 현재는 걱정의 대상, 미래는 두려움의 대상이야. 낮에는 일하고 밤에는 악몽을 꾸며 인간은 쓸데없는 걱정이라는 거둬 마땅한 수확을 거둬들인다네. 인간이 본성과 약점 때문에 악몽을 꾸기 쉽다면, 걱정이 없을 때도 수많은 꿈 중에 진짜인 꿈은 하나도 없다는 것도 확실하지 않나? 어차피 속을 수밖에 없다면 꿈 때문에 기쁜 것보다는 차라리 괴로운 게 낫고, 또 길몽보다는 악몽이 낫지. 사람들은 언제나 길몽이 아니라 악몽이 그대로 이뤄지지 않아 다행이라고 생각하니까!

고통: 난 악몽 때문에 기운이 다 빠져.

이성: 그런 무력한 것을 믿지 말게. 그러면 잠을 잘 자게 될 거야.

유명세

고통: 난 내가 원하는 것보다 더 유명해. 너무 많이 알려졌어.

이성: 모든 국가 원수, 군대의 총사령관, 철학자, 시인이 가장 절실히 원하는 것이 유명해지는 건데, 자네

는 그걸 무시하려 하나? 유명세가 없다면 아무리 많이 노력하고 전쟁을 벌이고 일을 도모한들 무슨 소용이 있나? 가장 훌륭한 예술가도 유명해지려 노력했지. 페이디아스[44]는 인간의 손으로 빚은 최대 걸작이라 할 미네르바 상을 만들어 이 사실을 아주 잘 보여 주었어. 상에 이름을 새기는 것이 금지되자 그는 자기 얼굴을 미네르바 여신의 방패에 새겨 작품 전체를 부수지 않고는 이걸 지울 수 없게 해 놓았지. 그만큼 그는 유명해지고 싶었던 거야!

인간은 누구나 영광과 명성을 찾는 법이지. 유명해지는 데 좀 말썽이 따르기는 하지만, 유명해지는 게 싫다는 사람은 자네뿐이야.

고통: 아냐, 나도 유명해지고 싶어. 그렇지만 동시대 사람들에게가 아니라 후세 사람들에게 유명해지고 싶은 거야. 난 동시대를 사는 사람들 사이에서 유명해지는 게 싫어.

이성: 왜? 반대로 그게 더 큰 영광이고 더 어렵고 희귀한 일 아닌가? 생전에 잘 알려진 사람을 공격하는 시샘을 무릅쓰고 얻어 낸 유명세니까 말이야.

고통: 바로 그거야. 지금 이 자리에 없는 사람만이

흠 없는 영광을 누리고, 아무도 그 영광을 반박하지 않지. 반면 살아 있는 사람들 사이에선 열심히 일하고 치열한 논란 끝에야 명성을 쟁취할 수 있어. 누군가가 정확히 말했듯이 "위대한 명성이란 힘들여야만 유지되는 것"[45]이기 때문이지!

이성: 자네는 삶에 어지간히 정이 떨어졌군. 그게 아니라면 게으른 거고! 많이 노력해야 작은 것이라도 얻을 수 있는 분야에서 힘들여 일하지 않고도 그렇게 높은 위치에 올라간 척하더니 말이야.

고통: 힘들여 일하는 것이 싫다는 게 아니야. 그 과정에서 말썽이 생기는 게 싫은 거지. 끊임없이 누가 찾아오고 사람들에게 둘러싸이고, 요청을 받고 희롱당하고 자기 자신은 소홀히 하면서 남을 위해 하루를 다 바치고, 짧은 생의 대부분을 할애하고, 자신에게 필요한 일보다는 남이 즐거워하는 일을 해야 한다면, 대체 견딜 사람이 누가 있겠나? 내가 이 길에 막 들어섰을 때 이런 불쾌한 일을 당해야 했다면, 괴로워할 만큼 유명해지는 단계까지 오지도 않았을 거야. 지금도 유명세는 상당히 거북해. 내 영혼의 가장 고귀한 도약을 막고 가장 주목할 만한 시도에 걸림돌이 되지.

이성: 그렇군. 그걸 부정하지는 않겠네. 하지만 유명하다는 건 괴롭지만 견딜 만하고, 분명 역겹지만 바람직한 해악 아닌가! 또 자네도 그렇겠지만 얼마든지 피할 수 있고 말이야. 오만하거나 아무것도 하지 않거나, 이 가운데 하나가 아니라면 어찌 유명세를 벗어나겠나? 전자의 방법을 쓰면 자넬 찾는 이들의 정직한 관심이 멀어질 거야. 후자의 방법을 쓰면 그런 관심이 아주 사라질 테고. 한 가지 수가 있다면 도시에서 멀리 떨어진 곳으로 피하는 거지. 이렇게 도망쳐도 진짜 명성―이 진짜 명성은 사방에서 명성을 지닌 사람을 따라다닌다네― 에는 아무 효과도 없을 수 있겠지만. 어딜 가든 어디로 몸을 피하든 명성은 계속 따라다니니까. 시골로 가건 숲속 깊은 곳으로 들어가건 도시에서 유명했던 사람은 계속 유명해. 명성의 광휘는 결코 빛바래지 않아. 어둠 속에서도 빛나며 마음과 시선을 끌어당기지.

고통: 난 이렇게 아무한테서나 인사를 받는 게 모욕적이라고 생각해.

이성: 그런 불평은 말게. 자넨 자네가 원한 것만 받는 거야. 대중이 알아보지 못한다면 자넨 이렇게 인사하는 사람들과 일일이 마주치게끔 밖에 나돌아 다니지도 않

을걸. 자넨 숨어 살아도 되고 평화롭게 살아도 되고 사람들 말처럼 기뻐해도 되지만, 그렇게 살아야 가장 좋은 거라고는 아무도 주장하지 않아. 하지만 인간이여, 도시에서 사람들에게 알려지고 유명해지고 싶으면서도 여가와 자유, 조용함을 희생하고 싶진 않은가. 그건 마치 폭풍우 치는 바다에 배를 타고 나가면서 아무 방해도 없길 바라는 거나 마찬가지네. 알랑대는 친구가 듣기 좋은 말을 하는 것도 무덤덤하게 참아 내지 못하면서 적의 욕설은 잘 참아 낸다면, 마음속에 이상한 오만이 있는 거야.

소음과 산만함

고통: 난 도시의 소음과 모호한 수런거림이 싫어.

이성: 그렇다면 시골이나 숲에서 조용함을 찾게. 만들 수도 없앨 수도 없다면 피해야지 어쩌겠나.

고통: 대중이 난리법석을 떨면 난 정신이 없어.

이성: 지금 바위 위로 졸졸 흘러내려 퍼지는 물소리를 듣고 있다고 상상해 보게. 예컨대 소르그강[46)]의 원천 곁에, 더없이 웅장한 골짜기에서 콸콸 소리를 내며

세상에서 가장 투명한 강물이 솟아나는 그곳에 자네가 있다고 생각해 보라고. 나르강이 티베르강[47]으로 이어져 높은 언덕에서 급류를 이루며 떨어지는 곳을, 또 거대한 레아테강[48]을 생각해 보게. 키케로의 말로는 나일강이 높은 산에서 흘러 떨어진다는 카타두파[49]라 불리는 곳을 생각해 보게. 이스터강[50]이 에욱세이노스 폰토스[51]로 흘러드는 그곳을 생각해 보게. 에트나산[52]에서 폭발한 용암이 줄줄 흘러내리는 것이나 리구리아[53] 해변에 부는 남풍이 웅웅거리는 소리를, 또 몸이 바짝 졸아든 카리브디스[54]가 물을 빙빙 돌리며 스킬라[55]의 울부짖음에 화답하는 시칠리아 섬의 바위들을 생각해 봐. 그러면 평소 습관이 돌아오면서 그토록 짜증나던 그 소리가 마침내 쾌적해질 거야.

고통: 난 개 짖는 소리가 참 듣기 싫어.

이성: 사람이 짖는 소리를 견딜 줄 아는 자라면 개 짖는 소리가 두렵지 않을 거야. 개가 사람보다는 덜 많고 덜 화내고 덜 사나우니까.

고통: 밤새가 불길하게 우짖는 소리가 악착같이 들려와.

이성: 꾀꼬리 얘긴 제발 하지 말았으면 좋겠네. 베르

길리우스의 시에서 꾀꼬리는 "가지 위에서 밤새 우짖으며 구슬픈 노래를 반복해 주변을 슬픈 하소연으로 가득 채운다"[56]네. 꾀꼬리가 우짖는 소리는 듣기 좋고, 그 노랫소리는 감미롭고, 그 하소연 소리는 조화롭기 때문이지. 자네가 듣기 싫다는 소리는 어쩌면 훨씬 더 슬픈 소리를 내는 흡혈귀의 소리인지도 몰라. 아니면 부엉이인지도 모르고. 부엉이는 실제로 그런 소리를 낸다기보다 시인이 그렇게 읊어서 나쁘게 알려진 새지. 성 요셉 같은 사람은 부엉이가 때론 길한 징조라고 했어. 그걸 근거로 행운과 불운을 판가름하는 건 우스꽝스러운 짓이겠지만 말이야. 부엉이는 생김새가 을씨년스럽고 많은 새가 그러듯 불길한 소리로 우짖지만, 그것이 부엉이의 본성이야. 부엉이가 그런 소리를 내는 것은 무슨 의미를 전달하려는 것이 아니라 달리 우짖는 법을 배우지 못해서네. 만약 부엉이 소리가 꾀꼬리 같다면 우짖는 소리도 좀 더 듣기 좋겠지. 하지만 부엉이는 그저 본성대로 할 뿐이야. 반면 인간은 이성을 잃고 이런 본성을 억지로 인간이 믿는 미신에 꿰맞추려 안간힘을 쓰지.

고통: 이 근처 탑에 올빼미가 한 마리 있는데, 밤새도록 우는 통에 성가셔 죽겠어.

이성: 알다시피 아우구스투스 황제도 밤이면 올빼미 소리에 성가셔했다네. 말해 보게, 자네는 세상을 쥐락펴락하던 황제가 성가셔했던 새를 어찌 감히 괴롭히려 하는가?

고통: 개구리가 개굴개굴 우는 소리와 귀뚜라미가 귀뚤귀뚤 우는 소리가 난 성가셔.

이성: 그 소리가 기분 좋다고 상상하면 그렇게 들릴 거야. 의견이 뭘 바꾸어 놓지는 못하지만 사물을 마음대로 배치할 수는 있거든. 의견은 판단을 지배하고 감각을 다스리지. 얼마 전에 시골에 사는 어떤 사람이 한밤중에 일어나 돌을 던지고 작대기를 휘둘러 꾀꼬리를 쫓아 버렸다네. 그래도 꾀꼬리가 가지 않자 꾀꼬리가 머무는 가지를 없애려고 주변의 나무를 다 베어 버리라고 명령했지. 하지만 꾀꼬리 몇 마리는 여전히 남아 있었고 결국은 그가 거길 떠나야 했네. 한밤중에 꾀꼬리 소리가 성가셔 밤잠이 달아나면 그는 늪가에 가서 개구리 우는 소리를 황홀하게 듣곤 했다네. 그에겐 그 소리가 더없이 조화로운 연주회 같기만 했거든. 매사를 어떻게 생각하느냐에 따라 그 생각이 힘을 가질 수 있다는 걸 자네에게 보여 주고자 이 예를 들었네.

고통: 난 너무 더워서 정신이 없어.

이성: 겨울을 기다리게. 곧 겨울이 되면 그런 걱정은 없어질 테니.

고통: 겨울은 혹독하게 추워서 괴로워.

이성: 머잖아 여름이 오니 곧 추위가 그리워질 거야.

고통: 난 눈이 지겨워.

이성: 까다로운 사람은 모든 게 피곤하지. 보통 기분 좋다고 하는 것까지도 말이야. 세상에서 가장 아름다운 것 가운데 하나로 바람 없는 날에 내리는 눈을 꼽는다네. 어쨌든 그보다 더 아름다운 것이 있을지는 몰라도 그렇게 순수한 것은 없거든.

고통: 우린 늘 더워서, 또 너무 추워서, 가물어서, 비가 와서 죽겠다고 하지.

이성: 사람들 말에 따르면 알렉산드로스대왕은 더위를 아주 못 참았다네. 그리고 행운이건 불운이건 운명이 제 궤도를 벗어나는 걸 못 견뎌했고. 반대로 한니발은 추위도 더위도 잘 참았지. 보통 인간은 한니발과 전혀 다르지만, 그의 이런 장점을 좀 본받으면 어떨까?

고통: 난 진흙, 먼지, 구름, 바람, 천둥 같은 게 싫어.

이성: 하지만 땅의 변화는 하늘의 변화에서 오는 것.

축축한 공기가 진흙을 만들고 메마른 공기가 먼지를 만들지. 공기가 움직여 바람이 되고 구름은 수증기로 이뤄져 있어. 바람과 구름이 모여 폭풍우가 일고 벼락도 치는 거야. 이런 현상의 원인을 이해하고 자연에 굽힐 줄 아는 사람은 자연의 결함을 더 이상 불평하지 않아. 바람의 본성이 무엇인가는 어려운 질문이지만, 하늘에 일절 바람이 없다면 활기가 없을 거라는 생각은 안 드나? 영혼이나 마음을 '숨'이라 부르는 것은 우연이 아니야.* 먼지로 말하자면, 자네도 알다시피 많은 영웅이 먼지를 좋아하지 않았나. 진흙도 마찬가지야. 어떤 상황에서나 위인들은 한결같은 가치를 보여 주었어.

고통: 난 날씨가 칙칙하고 안개가 자욱하면 마음이 슬퍼져.

이성: 언제까지나 계속되는 폭풍은 없어. 비가 오고 나면 화창하게 날이 개고, 그러고 나면 다시 비가 오지. 이렇게 끝없이 계속되는 거야. 얼마 가지도 않는 것을 불평 없이 견딜 수는 없겠나?

---

* anima(영혼)와 spiritus(마음)는 신체 기관을 움직이는 '숨'을 지칭한다.

역경과 슬픔

고통: 난 슬퍼.

이성: 왜 슬프고 왜 기쁘지? 중요한 건 그거야. 만물이 조금만 바뀌면 기쁠 수도 괴로울 수도 있으니, 그 자체로는 좋은 것도 나쁜 것도 아니지. 그러니까 죄로 인한 슬픔은 슬쩍 끼어드는 절망에 몰래 손을 내밀지만 않는다면 유용한 거야. 이와 마찬가지로, 미덕으로 인한 기쁨과 선행의 기억은 슬쩍 끼어드는 오만에 길을 내주지만 않는다면 명예로운 거고. 그러니까 이런 정념에 대해서는 무엇보다 그 원인을 생각해야 해. 칭찬이나 비난이 거기에 달려 있기 때문이지. 왜 슬픈지 이제 이해하겠나?

고통: 난 이 생에서 일어나는 온갖 비참한 일 때문에 괴로워.

이성: 그럼 다른 일에서 기다리는 행복을 생각하고 기뻐하게! 나쁜 일은 아무리 비참해도 사실 불행까지 가진 않아. 기쁜 일이 아무리 기쁘더라도 지복至福까지 가지는 않는 것과 마찬가지지.

고통: 난 불행해.

이성: 자네의 불행엔 이른바 '역경'이라 불리는 일들 만큼이나 많은 뿌리가 있어. 우리가 이미 여러 번 얘기 한 바 있지만 또 자넨 종종 이 이야기를 하지만, 그래도 거기에 대해 할 얘기가 많을 거야. 당장 눈에 보이는 원인이 없고 병이 없고 손실이 없고 상처가 없고, 불운, 잘못, 거짓 소문 같은 게 없는데도 말하자면 괴로움에 맛을 들여 불행해지기도 해. 그런 일은 원인을 모르기에 더욱 다루기 어렵지. 그래서 키케로는 힘을 다해 그리고 "노 젓는 힘을 다 기울여" 이런 "영혼의 암초"를 멀리하는 거야. 언제나 그렇듯이 난 여기에 찬성이라네.

고통: 우리가 당한 불행을 생각하면 난 괴로워.

이성: 인간 조건의 비참함은 크고도 여러 형태를 띤다는 걸 부정하지 않겠네. 그렇다고 그럴 때마다 울어댄 사람은 없어. 하지만 이걸 다른 각도에서 보면, 생을 행복하고 기분 좋게 하는 일도 그만큼 많다는 게 보일 거야. 내가 잘못 생각하는 게 아니라면 지금까지 그 얘기를 한 사람은 아무도 없지만 말이야. 이 문제가 까다롭고 단조롭고 별 도움도 되지 않고 이득도 안 된다는 걸 알아차리자, 이 문제를 건드렸던 작가들은 손을 놓았지. 인간의 비참함은 명백하고 여기저기서 드러나는

반면 행복은 잘 숨겨지고 끈질긴 것이라 행복이 있다고 믿지 않는 사람에게 행복을 보여 주려면 오래 들이팔 수 있는 펜이 필요하지.

하지만 이토록 많은 행복의 주제 중 중요한 것만 골라 보겠네. 행복이 있기에 그나마 인간은 기뻐하는 걸까? 지성, 기억, 예지력, 언변, 수많은 발명품, 많은 기술은 영육에 도움이 되려고 있는 걸까? 또 모든 가용 자원, 수많은 가능성, 다양한 사물이 비단 필요할 때 도움이 되려고만 있는 게 아니라 다양하고 놀라운 방식으로 인간을 즐겁게 하려고도 있는 거란 말이지! 갖가지 효험을 지닌 풀뿌리도 많고, 약초 발효액도 많고, 놀라운 꽃 종류도 많고, 향내도 많고, 색깔도 맛도 소리도 많은데, 그것들은 오직 서로 더욱 조화를 이루기 위해서만 상치된다네! 하늘과 땅과 바다에는 인간만을 위한 짐승이 많이 살지.

그리고 언덕에서 내려다보이는 만물, 햇빛이 비치는 골짜기, 그림자가 드리운 협곡, 차가운 알프스산맥, 따스한 강 유역! 마음을 달래주듯 졸졸 흐르는 샘, 김이 펄펄 나거나 투명하고 얼어붙은 유황수의 원천! 땅을 둘러싸고 적시는 많은 바다, 불변의 흐름으로 국경을 이루는 큰 강! 바다와 경쟁하듯 큰 물을 담은 호수, 움직임이 없는 늪, 산에서 흘러내려 꽃핀 강가를 적시는 급류, 베르길리우스의 말마따나 "울창한 풀숲과 신선한 강이 흐르는 초원"[57].

파도 소리가 철썩철썩 울리는 해안가를 따라 우뚝우뚝 솟은, 물거품이 부서지는 바위, 이슬에 젖은 동굴, 누렇게 곡식이 익어 가는 논과 싹트는 포도밭을 자넨 아직 못 보았는가? 도시의 안락한 삶과 시골의 조용함, 혼자 사는 자유, 구경거리 중에서도 특히 화려하고 장엄한—상상할 수도 없이 빠르게 저절로 돌면서 별과 항성과 행성도 따라서 빙빙 돌게 하는—별이 빛나는 천공, 돌아가는 별 중엔 해도 달도 있고, 베르길리우스가 "세상에서 가장 화려한 불꽃"이라 불렀고 호라티우스는 "하늘의 찬란함"이라 부른[58] 그 구경거리. 끝으로 땅에서 나는 모든 소출, 모든 생물의 힘, 계절의 변화, 해와 달과 낮과 밤과 시간의 단위가 있는 것은 그런 구경거리 덕분이야. 그것이 없다면 인간의 삶은 매우 단조로울걸.

또한 덧없고 연약하지만 보무당당하고 평온한 육신이 있어. 몸은 똑바로 서 있고 얼굴은 천체를 향하고 있지. 그러니 그 이상 바랄 게 뭔가? 이런 좋은 일을 겪으니 더 이상 슬퍼하고 불평할 여지가 없다네. 그러니까 인간은 본래 괴롭고 불평할 일이 많은 것이 아니라 스스로 그런 걸 만들어 내는 거야.

고통: 날 괴롭히는 것은 인간의 기원이 미천하다는 점, 즉 인간은 본래 연약하고 맨몸이며 불쌍하고, 운명은 가혹하며 삶은 짧고 그 종말은 불확실하다는 거야.

이성: 괴로워할 이유를 참 멀리서도 찾는군. 반대로 명예롭게 행복해지려면 그런 이유에 맞서야 하지. 하지만 난 인간의 습관을 알아. 인간은 불행 위에 벌렁 드러누워 뭉개기를 좋아한다니까.

인간이 맨몸이라는 것과 연약하다는 점과 부족하다는 점—보통 말하는 인간 조건의 결함—은 어떤가? 인간의 참상을 드러내 준다기보다는 인간에게 명예와 영광이 되는 이런 결함을 고쳐 주는 온갖 기술과 치유법을 인간은 다 알지 않나? 다른 생물은 이성이 없기에 어머니인 자연이 견고한 가죽과 발톱과 털을 준 거야. 자연은 오직 인간에게만 지성을 주었다네. 지성은 모든 걸 발견할 수 있어. 그러니까 다른 동물이 외적 방도만을 써서 자기방어를 할 수 있는 데 반해 인간은 내적 자원으로 그럴 수 있다네.

끝으로 인간보다 더 건장하고 빠른 동물이 있다곤 해도, 다른 동물의 감각이 인간의 감각보다 더 예민하다곤 해도 인간의 감각보다 존엄한 감각은 없네. 눈물과 웃음이 인간의 비참함을 입증하지. 태어나자마자 울고 생후 40일이 지나야 비로소 웃는다 하여[59] 인간에겐 웃음보다 눈물이 먼저 있었다고 하는 사람도 있지만 말이야. 하지만 이는 무엇보다 인간이 앞날을 내다보는 동물이며 앞으로 생길 일—어렵지만 미덕의 조종을 받는다면 행복할 수도 있는 삶의 종말을 말하는 것이 아니라—을 의식하는 동물임을 입증하지. 그러나 시련이 가득한 길에서 첫걸음을 내딛었다는 사실 때문에 이것이 증명되는 거야.

슬픔과 고통에 대해 내가 자네에게 해 줄 수 있는 말은 이거라네.

삶이 지긋지긋하다는 생각[60]

고통: 난 삶이 지긋지긋하다는 생각에 사로잡혀 있어.

이성: 그건 될 대로 되라는 생각에서 생겨난 병으로,

너무도 강력해 더없이 위험하네. 이 병 자체로도 이미 상당히 힘든 데다 그런 생각의 귀결인 절망과도 아주 가깝지. 바로 이 병을 떨쳐 버리려 흔히들 종교에 의지하는 거야.

고통: 어딜 돌아보든 삶의 피곤만 보여.

이성: 즐거운 생각과 희망적인 생각을 하고 친구와 책이 주는 위안과 정직한 쾌락이 주는 재미를 생각하며 그런 지긋지긋함을 몰아내야겠지. 또한 기분 좋은 일에 몰두하면 무력감에 빠지지 않을 수 있어. 특히 인내심과 불패의 참을성의 도움을 받아서도 말이야. 현재가 싫다고, 미래가 조바심 난다고, 두렵다고 또는 지나치게 희망을 품어 정신 나간 사람과 불행한 몇몇 사람이 했던 것처럼 때 이르게 삶을 끝내려 해선 절대 안 돼. 이런 식으로 삶의 빈곤, 권태, 일시적 괴로움에서 도망치려 하는 사람은 그렇게 함으로써 영원한 괴로움 속으로 뛰어드는 셈이네.

마지막으로, 삶이 지긋지긋하다는 생각을 경계하되 죽음이 예상보다 일찍 닥칠 수도 있다는 상상을 해 보게. 그리고 아무 걱정 없는 자네에게 죽음이 갑자기 닥쳐올까 봐 죽음을 아예 생각도 하지 않고 쾌락만 탐닉

하는 것도 경계하고.

무거운 몸

고통: 내 몸은 무겁고 말도 안 들어.

이성: 로스키우스[61]와 에소포스[62] 같은 사람이나 그런 푸념을 하라고 해. 자네가 얇은 훌라후프를 돌리면서도 뒤로 돌아설 수 없고 줄을 타면서도 공중에서 날렵하게 앞으로 나아갈 수 없다 해도 무슨 상관인가? 평범한 사람들과 함께 절도 있는 발걸음으로 걸을 수 있다는 것에 만족해야지. 대단한 몸짓을 하거나 줄을 타는 것은 어릿광대나 하는 짓이야. 현자는 언행도 진중하고 절도 있어서 남다르지.

고통: 내 몸무게는 어마어마해.

이성: 자네의 영혼도 그 못지않게 무거워. 비록 눈에 보이지 않고 부피도 없지만 말이야. 그러니 영혼의 무게를 육신의 무게와 대비시켜 보게. 육신의 무게가 영혼의 무게보다 더 무거워 보이지는 않을 테니.

고통: 난 내 무게가 버거워.

이성: 하지만 자네의 영혼은 민첩하고 몸을 떠나 가

벼이 뜰 수도 있잖은가. 애쓰고 힘을 기울여 그 무게를 털어 버리고 줄여 봐. 그리고 육체에 운동이 될 만큼 힘든 갖가지 과업을 영혼에도 부과하고 쾌락을 멀리하게. 무기력을 잊고 할 일을 찾고 관능을 경멸하고 게으름을 버리고, 활동을 좋아하고 나태함을 밀어내고 규율을 채택하고 시련을 기꺼이 받아들이고, 음식과 마실 것과 안락의자와 침대는 지속적인 규칙에 맞게 사용하고, 끝으로 오래 자지 말고 짧고 가볍게 자도록 하게.

고통: 내 무게는 엄청나게 늘었어.

이성: 유한한 동물인 '인간'homo이라는 이름이 땅을 가리키는 '후무스'humus에서 왔다면, 그래서 인간은 영락없이 '인간'인 거야. 여러 가지 점에서 인간은 땅을 지향하니 말이야. 하지만 인간은 본래 천상의 것이기도 한지라 미덕에 귀를 막고 나쁜 조언을 하는 욕망에 귀를 기울이지만 않는다면, 천상의 본성이 다시 우위를 차지하지 않고 지상의 본성에 굴복할 수는 없을 거야.

고통: 너무 무거운 이 몸이 내 영혼을 짓눌러.

이성: 다시 몸을 붙들고 힘 있게 도약해 그 엄청난 짐을 들어 올리게. 몸이라는 무거운 껍질을 탈피하는 데 성공해 놀라운 높이에 도달한 지고한 천재들을 기

억해 봐.

무거운 영혼

고통: 내 영혼*도 몸만큼이나 무겁고 뻣뻣해.

이성: 그건 다른 무게보다 더 거북한 무게야. 하지만 자네가 정말 노력한다면 그 무게를 줄일 수도 있네.

고통: 그래, 하지만 내 영혼은 무딘 데다 게으르기까지 해!

이성: 그러니까 성내고 탄식하면 이 병을 면할 수 있다고 보나? 이 병엔 전혀 다른 치료약이 필요해. 즉 잠, 침대, 맛있는 음식, 포도주, 말도 안 되는 이야기 같은 쾌락에 빠져선 안 된다고. 아첨하는 이에게 가서 좋은 핑곗거리나 들을 생각 말고, 잘못을 본성의 탓으로 돌려 게으름에 빠지지도 말고, 늘 깨어 있고 깊이 생각하고 열망하고 희망을 갖고 스스로 힘을 북돋우고 혼자서 일어서야 해. 영혼의 힘을 자극하고, 무기력을 털어 버리고, 쾌락을 삼가고, 공부에 힘써야 해. 너무 무거워서 가벼워질 수 없고, 너무 뻣뻣해서 유연해질 수 없고, 너무 무뎌서 날카롭게 벼릴 수 없고, 너무 게을러서 마비

---

* Ingenium. 여기서는 비단 영혼뿐 아니라 성격과 지성도 가리킨다.

를 풀 수 없는 그런 정신이란 없네. 끝으로, 너무 깊은 곳에 갇혀 의지로 빼낼 수 없는 정신도, 너무 깊이 잠들어 깨울 수 없는 정신도 없다네.

고통: 내 정신은 느려 터졌어.

이성: 물론 지성의 장점이 발랄함이라고 본다면, 자네가 느리다고 비난받을 만도 하지. 하지만 난 발랄하지만 어디로 튈지 모르는 정신보다는 차라리 느리지만 절도 있는 정신을 택하겠어. 후자에선 혁혁한 업적도 걸작도 기대할 수 없을지 모르지만, 전자에선 최악의 실수나 더없이 꼴사나운 파렴치함이 발휘될까 저어될 수 있다네. 그러니 추하게 사는 것보다는 그냥 미미한 존재로 있는 편이 낫지.

부족한 표현력

고통: 난 언변이 부족해.

이성: 남들이 미워하지도 않는데 애써 미움을 사는 방법이 여기 또 하나 있군! 그러니 자연이 언변 부족이라는 혜택을 베풀어 준 것에 감사해야 해. 누가 이길지 모르는 재판에서 적에 대항할 강력한 무기를 자연이 자

네에게 주지 않은 건 사실이지만, 동시에 불운도 안 당하게 해 주었으니까. 말을 잘한 탓에 죽은 사람이 많고 많지. 이 말이 미심쩍거든 이런저런 유의 언변에 대해 높은 사람들에게 물어보게. 말을 잘한다는 이유로 죽은 이름 없는 웅변가가 어디나 많아. 그중 탁월한 경지에 올라 제일 널리 알려진 사람들이 가장 많이 위험에 노출된 반면 다른 사람들은 유명하지 않다는 점을 성벽 삼아 그 뒤에 숨었지.

게다가 말을 잘한다 하여 남보다 더 위험한 건 아니라고 생각되지만, 그래도 더 힘든 건 사실이야. 세상에서 언변보다 공허한 건 없고, 훌륭한 언변만큼 사람들이 힘들여 지키는 것도 없네. 언변이란 그저 밖으로 숨을 내뿜는 것일 뿐이지만, 정신에 훈련이 되니까 사람들은 말에 진정한 가치가 담겨 있는 줄 알지.

고통: 난 말할 줄을 몰라.

이성: 말이 적은 사람이 행동은 많이 하는 경우가 많지. 그러니 말馬을 탈 줄 모르는 사람을 일단 말에 앉히게. 일단 탔다 하면 말에서 내려오게 하기 힘들 거야. 말言재주가 없으니 적어도 입을 다무는 신중함 정도는 갖추고, 남이 다 귀 기울일 만큼 말을 잘하지 못한다면 잘

하는 사람의 얘기를 잘 듣는 법이라도 배우게. 말하는 기술이 있다면 입을 다무는 기술도 있어. 게다가 입을 다무는 건 말을 잘하는 것보다 덜 위험하고 더 쉬운 일이야!

고통: 난 마음속에 있는 것을 잘 표현할 수가 없어.

이성: 지성이 풍부한데 마음속의 많고도 방대한 생각을 표현할 수 있는 좋은 음성과 잘 돌아가는 혀만 없는 거라면, 걱정 말고 되지도 않는 짓을 하려고 억지로 애쓰지 말게. 지금 가진 것을 후회 없이 즐겁게 누리지 않을 이유가 대체 뭔가? 남의 것은 남에게 돌리고 자네의 혀와 펜을 더 이상 혹사하지 말게. 남이 말하게 그냥 놔두고 자넨 그 말을 이해하는 데 만족하라고. 지성의 즐거움이 담론에서 얻는 즐거움보다 더 은밀하고 강렬하고 오래가는 거야. 그건 은근한 관능이어서 남이 부러워할 거리조차 못 되네.

고통: 난 여러 사람 앞에 서면 수줍어서 말을 할 수가 없어.

이성: 솔직히 대중 연설을 하는 것이 겉으론 더 돋보일 수 있어. 그렇지만 사실 사적인 대화가 그보다 더 기분 좋다는 걸 부정은 못하겠지. 그런 사적 대화도 너무

힘들다면 마음속으로 들어가 혼잣말을 할 수도 있잖나. 그러니 자네만의 대화 상대를 깨워 보게! 그런 대화 상대는 적어도 언제든지 불러낼 수 있고, 결코 함정을 파지도, 놀리지도, 질투하지도, 말썽을 부리지도, 엄정하게 연습을 많이 해 말을 잘하라고 요구하지도 않아. 그는 자네가 지어낸 이야기를 좋아하고, 자네가 밑도 끝도 없이 풀어놓는 별것 아닌 이야기를 좋아하고, 자네가 하는 이야기가 때로 아무리 길어도 묵묵히 들어 주지. 곁에 있는 이 상대, 말하는 방식보다 자네의 말이나 말하려는 바에 관심을 보이는 상대에게 만족하는 법을 배우게. 자네 자신에게 마음속으로 가장 정직한 연극을 상연하는 법을 배우라고. 끝으로 사람들의 박수갈채보다 진실의 박수갈채를 구하고, 아무리 완벽한 언변도 때로는 누리지 못할 행복을 조용하고 태연하게 누리는 법을 배우란 말일세.

부족한 미덕

고통: 난 미덕[63]이 부족해.

이성: 그거야말로 진짜 결함이고 괴로워할 만한 일

이지. 자네가 겪은 다른 모든 일이 자연이나 우연이나 폭력 때문이라면, 미덕이 부족하다는 것은 의지에 따른 일일 테니까. 실제로 자네의 다른 불완전한 점은 외모나 정신이나 기억력이나 언변 같은 외부적 대상으로, 이런 건 운명이 주는 것으로 받아들여야지 원한다고 갖추어지는 게 아니야. 반면 미덕은 운명을 잘 통제하고 더 잘 사용하려는 저마다의 의지에 달렸지.

　　사람의 의지란 자신의 소원대로일 수밖에 없어. 사람은 다른 모든 것을 결정할 수 있듯이 자기 의지도 결정할 수 있어. 하지만 의지가 박약하거나 힘이 없고 정신이 없거나 언변이나 재산이 부족하다면, 미덕엔 보상도 없고 악행엔 벌도 없을 거야. 그렇지만 인간이 태어날 때부터 받은 것은 이미 좋거나 나쁜 의지가 아니라 선악 중 하나를 고를 수 있는 능력이고, 선한 쪽으로 발휘되어 인간을 선하게 만들거나 악한 쪽으로 발휘되어 인간을 악하게 만들 수 있는 자유야. 이 의지를 잘 쓰면 분명 신의 선물이 되겠지만, 나쁘게 쓰면 안 좋은 결과가 나오지. 인간이 그렇게 되길 원했으니 말이야. 그렇게 하면 안 되네. 선의는 착한 일의 뿌리이고 악의는 나쁜 일의 뿌리니까. 그러니 본의 아니게 미덕이 부족하다고 괴로워해선 안 되지. 미덕의 대부분은 바로 의지에 달렸으니까.

고통: 미덕을 갖추고 싶은데 그럴 수 없다면?

이성: 내심 미덕을 원치 않으면서도 원하는 줄 아는 사람이 많아. 무엇을 원한다고 생각하지만 실은 원하는 게 아닌 사람이 많다니까! 이렇게 저마다 잘못 생각하며 선한 일만 원한다고 남을, 특히 자기 자신을 설득하려 하지만, 이보다 더 구워삶기 쉬운 사람은 없지. 미덕은 매우 기분 좋은 것이지만, 미덕을 갖췄다는 환상도 그만큼이나 기분 좋은 거라네. 그러니까 대중이나 친구나 특히 자신에게 미덕을 갖췄다고 믿게 만드는 것은 아주 기분 좋은 일이지.

고통: 하지만 나는 착해지고 싶은데 마음만큼 그러지 못한다는 걸 잘 알아.

이성: 그렇다면 원하기만 해선 안 되지. 욕망, 절제된 욕망이 아니라 격렬한 욕망이 있어야 해. 하지만 인간은 나쁜 걸 탐낼 때는 열렬하면서도 선한 것을 원할 땐 뜨뜻미지근해! 그래서 부자가 그렇게 많고 선한 사람이 그렇게 드문 거라네. 느린 관능보다 열렬한 노력이 더 빨리 목표를 달성하는 것을 보고 뭐 놀랄 게 있

206

겠나?

고통: 난 할 수만 있다면 착해지고 싶어.

이성: 해 보게. 아주 잘할 수 있을 테니. 그리고 진심으로 그러고 싶은 거라면 지금 당장 시작해 보게. 그리고 다시 느슨해지지 않게 조심하게. 아무리 중요치 않다 해도 노력 없이 얻어지는 건 없는데, 인간이 얻을 수 있는 가장 위대하고 고매한 것인 미덕을 어찌 그저 얻길 바란단 말인가? 미덕을 걱정 속에 뚫린 우회로라고 생각하지 말고, 곧장 행복에 이르는 유일한 길이라고 생각하게. 미덕을 갖추기 위해 모든 시간을 쏟고, 미덕을 추구하는 데 최선을 다해 봐. 그런 걸 기분 좋은 심심풀이 정도로, 시간 낭비로 생각하지 말고 자네에게 확실한 행복을 갖다주고 아무 부족함도 없게 해 줄 삶의 주 기능으로 삼아 봐.

마르쿠스 바로누스는 『풍자집』에서 아주 맞는 말을 했어. "그대가 먹을 빵을 굽는 빵장수가 고급 빵을 만들게 하는 데 들인 정성의 12분의 1만이라도 철학에 쏟았더라면 그대 스스로 이미 오래전에 양질의 사람이 됐을 것이다."[64] 활동을 배가하면 이런 상태에 이를 수 있다고 약속하는 지상의 철학자가 해석하는 의미에서가 아니라―이런 약속을 믿는 사람은 모두 거기에 어떤 믿음을 덧붙여야 하는지 잘 알지―오직 그 조언과 도움과 미덕 덕분에 자넬 구원할 수 있는 천상의 지혜에 의거하는 것으로 이 말을 이해했으면 좋겠어. 이 말을 잘 들어 보게. 자네에게 직접 하는 말처럼 말이야. 그리고 이 말이 모든 형태의 미덕에 적용된다고 생각해 보게.

고통: 하지만 난 정말 착해지고 싶은데, 실제론 그렇지 못해.

이성: 자네가 정말 그러고 싶다면 미래가 그걸 보여 줄 거야. 의지의 힘은 견디는 데서 인정받는 법. 그렇지만 미덕을 갖추려면 열렬하고도 지속적인 의지가 필요해. 열심히 노력해서 얻는 건 당장 오지 않는 법이거든. 그러니 어떤 일에 관여하건 잘 견뎌 내야 하네.

분노

고통: 난 분해.

이성: 난 자네에게 불행한 일이 생길 때 돕겠다고 했지 악한 일을 할 때 돕겠다고 하진 않았어. 분노는 불운 때문에 생기는 게 아니야. 일부러 분노하는 것이고, 분

노하고 안 하고는 전적으로 인간에게 달렸어. 누가 억지로 분노하라고 그러던가?

고통: 누가 날 공격하면 분노하게 돼.

이성: 상대방은 아마 자네가 공격했고, 따라서 자네에 대해 불평해도 된다고 생각할 거야. 정말 공격이라기보다는 자기가 잘났다는 마음이 문제인 거지.

고통: 난 부아가 나서 죽겠어!

이성: 부아가 나나? 호라티우스가 말하길 "분노는 짧은 광증"[65]이라 했네. 하지만 그렇게 분노하는 나쁜 습관을 들이고 조바심을 내며 짧은 광증을 긴 광증으로 만들어 버리는 사람도 있지…… 에니우스[66]는 "분노가 광증의 시작"이라 했네. 하지만 지나치게 분노하는 사람은 결국 분노를 다 발산하고 동시에 자기의 생명도 끝장내 버려. 이는 페스트와 비슷한 또 하나의 역병이야. 그 역병이 남도 파멸시키긴 하지만, 그런 분노를 품고 있는 사람이 으뜸가는 주된 피해자야. 그래서 분노에 꿀보다 달콤한, 뭔지 모를 쾌락이 담겨 있다고 생각하는 사람이 대체 어떻게 있을 수 있을까 자문하게 되지. 아마도 복수를 하면 야생적이고 비인간적인 관능은 느끼겠지만, 어쨌든 분노는 씁쓸한 것일 뿐이야.

고통: 모욕을 받으면 분노하게 돼.

이성: 하도 분노를 잘해서 남이 부추기지 않아도 무작정 분노하는 사람은 없어. 아마 로마의 상원의원 카일리우스는 세상에서 가장 분노를 잘하는 사람이었을 거야. 매사에 그에게 동의하고 그의 모든 말에 찬성하는 사람[67]이 어느 날 찾아와 함께 얘기를 나누었는데, 그가 갑자기 분노하며 소리쳤다네. "거참, 우리가 반대편이 되게 내게 반대하는 말 좀 해 보게!"[68] 이 사람은 머리가 굳은 사람이야. 아첨하는 말도 견디지 못하는 그가 남의 모욕을 어떻게 받아들이겠나?

고통: 난 공격받았을 때만 분노해.

이성: 바로 그 점에 누구나 속는 거지. 꼬투리는 항상 있고, 공격할 거리는 얼마든지 만들어 낼 수 있어. 실제로 분노하게 되는 사건을 마주하면 도를 넘어서게 되지. 모든 잘못에 대해 그럴 수도 있겠지 하는 베일을 던져 버리게 된다고. 그럴 수도 있겠지 하는 것 자체가 잘못된 거야. 상대방이 신을 따르듯 자네의 말에 고분고분 따르지 않는다고 분노하는군. 우연히 내뱉은 한마디도 치명적인 모욕으로 만들어 버리지. 인간이란 까다로운 종족이야!

의기소침

고통: 행동해야 할 때마다 난 의기소침해져.

이성: 자네의 가엾은 몸이 이미 식탐으로 무거워졌는데, 자네가 그렇게 의기소침해졌다는 것이 어찌 놀라운 일이겠는가?

고통: 난 의기소침에 시달리고 있어.

이성: 그런 상태는 약한 의지에서 오는 거야. 자네가 정말 잘 지내고 싶다는 생각을 하기 시작한다면 열렬함과 마음의 도약이 느껴질 테고, 그런 느낌이 선으로 향할 때는 물론 최악에 이를 수도 있지만, 반대로 최선에 이를 수도 있어.

고통: 그런데 난 몸이 마비되는 느낌이라 꼼짝도 못하고, 어떤 좋은 일에든 항상 조금 늦게 뛰어들지.

이성: 사실 마음속에 깃든 일종의 무기력 같은 게 있긴 하지만, 마음의 가장 너그러운 부분을 차지하는 열렬함도 분명 있어. 이런 열렬함에 더욱 불을 붙이고 의기소침을 털어 내려면, 너무 빨라서 아무리 생생한 정신도 잘 느끼지 못하는 시간의 흐름을 온전히 알아차리고, 너무 커서 플라톤이 원했듯 육안으로 들여다보면

곧바로 무한한 애정으로 가득 차게 되는 미덕의 아름다움이 지닌 참된 가치를 알기만 하면 돼. 미덕의 아름다움을 좋아하고 시간의 흐름을 두려워하는 마음으로 자네가 이 멍한 상태에서 깨어났으면 하네. 뭘 좋아하는 사람도, 뭘 두려워하는 사람도 의기소침 앞에서는 어쩔 도리가 없으니 말이야. 혹시 밤중에 일어나 기도한다면 바로 이걸 위해 기도하게. 의기소침한 상태에도, 수면 상태에도 제발 사로잡히지 말게. 한편으론 죽음에 대한 두려움이, 다른 한편으론 명예의 압박이 있다면 무력증은 찾아오지 않아. 한창 위험하고 희망이 있는 곳에서 누가 쿨쿨 잘 수 있겠나? 그런 생각만 해도 마음에는 다시 불끈 힘이 솟아오를 거야. 자신의 불완전함과 남은 할 일과 이미 잃어버린 시간을 생각한다면 잠이 눈꺼풀에서 천 리 만 리 달아나 버릴걸. 평소 이런 생각을 안 하기에 사람들은 허송세월했다는 걸 갑자기 깨닫고, 노인들은 "이 모든 시간 동안 난 대체 뭘 했지? 우린 먹고 마시고 잤지만 너무 늦게 깨어났어"라고 소리치는 거라네. 이런 안 좋은 상태의 주요한 원인은 자네가 불평하는 그 악명 높은 무기력 상태야. 일이 그물코처럼 얽히고 앞날을 내다보는 혜안의 통제를 받아 자네가 주변 사태의 갈피를 잡는 데 도움을 받았으면 하네. 그렇게 하면 자네는 모든 이에게 닥치는 운명을 피할 수 있을 테고, 영광 없는 종말을 맞아 우물쭈물하다 갑자기 당하는 일은 없을 테니 말이야.

몸의 고통과 통증

고통: 난 온몸의 통증 때문에 괴로워.

이성: 몸속에 있는 마음의 힘이 빠지지 않는 이상 괜찮아. 몸이라는 가없은 오두막에 무슨 일이 생기든 마음은 무사히 탈출할 테니까.

고통: 난 온몸의 끔찍한 통증으로 괴로워.

이성: 인간에게 유일하게 좋은 것은 미덕[69]뿐이라고 스토아 철학자들은 말하지. 남이 어찌 보든 이 금언이 사실이고 더 인간다운 말이라고 난 생각해. 따라서 이 좋은 미덕에 대한 반대 항이 악덕이니, 오로지 악덕만이 나쁜 거지. 그러니 이런 결론이 나오네. "신체적 고통은 매우 곤란한 것이지만, 그렇다고 꼭 나쁜 것만은 아니다."

고통: 한심한 사람! 난 아파 죽겠는데, 자네는 그 앞

에서 연설만 하고 있나!

이성: 인간의 삶을 지배하는 원칙을 연설이라 부르는 거라면, 자넨 정말 한심한 사람이네.

고통: 학교나 책에서는 그런 소리가 그럴듯하게 들리겠지만, 고문대나 죽어 가는 사람이 누운 병석에 올릴 말은 아니지! 이 모든 건 직접 몸으로 겪기보다 말로 하고 글로 쓰기가 훨씬 쉬워.

이성: 그렇지 않아. 고통받을 때, 아플 때, 죽을 때 바로 이런 말이 쓸모 있는 거야. 하지만 이 말이 모든 이의 마음에 가닿지 않으니 만인에게 유용할 순 없지. 이 말을 믿지 않는 사람에게 도움이 될 수도 없고.

고통: 아아! 난 아프다는데 자네는 논쟁만 하자는군!

이성: 자네가 겪는 고통이 지속적이면서 동시에 강렬할 수는 없어. 그러니 잠시만 참으면 그 고통은 가벼워질 거야.

고통: 아! 난 더없이 괴로워.

이성: 좋아! 최악의 고통이라도 오래가진 않을 거야. 그만 끙끙거려! 통증이 자넬 떠나든가 아니면 자네가 가 버리든가 해야 해. 그러니 이 두 가지 가능성에 문을 활짝 열어 둬. 그러면서 죽을 듯한 고통을 강한 마음으

로 견뎌 내는 것이 훌륭하고 용감한 일임을 기억하게.

고통: 말로 하긴 좋지. 그렇지만 그게 실제로 가능하다고는 생각지 않아!

이성: 현실 때문에 불가능한 것이 아니라 인간이 본래 나약하기에 슐하게 미덕으로 도피하는 거지. 또 불가능하다는 핑계로 어려운 일을 피하는 한 또 다른 난관을 만나게 되는 거고. 미덕은 수많은 난관으로 이뤄져 있기 때문에 스러지는 거야. 하지만 미덕이야말로 명예로 가는 길이야.

고통: 우리는 인간이지 신이 아니고, 죽어 가는 인간의 가엾은 육신은 고통의 폭력을 견딜 만큼 강하지 않아.

이성: 인간의 몸이 연약하다는 걸 부정하진 않겠지만, 어떤 충격이든 힘을 모아 견뎌 내지 못할 만큼 약하진 않아. 인간이 견뎌 내지 못하는 것은 마음의 나약함이 몸의 나약함보다 훨씬 크기 때문이지. 그 나약함 때문에 어떤 사람은 걸맞지 않은 탄식을 내뱉고, 또 어떤 사람은 치졸한 푸념을 하는 거라네. 옛날 사람들은 능히 할 수 있었고 또 실제로 했던 일을 왜 지금은 할 수 없다고 생각하는지 난 알고 싶어.

고통: 아니! 이젠 역사까지 갖다 붙이네! 내가 아파 죽겠고 여기가 어딘지 내가 누군지도 모르겠는데, 자넨 옛날 사람을 생각해 보라고 하나!

이성: 뭐라고? 자네가 겪는 고통과 비슷한 시련을 용감하게 견뎌 낸 위인을 생각하면 힘이 나거나 위안이 되지 않는가?

고통: 더없이 훌륭한 웅변가의 명예로운 선례를 본받아야 한다는 건 알지만, 그들은 인간의 힘을 넘어서 있어 도무지 가당을 수 없어.

이성: 인간의 힘을 넘어서 있다고? 그들은 신이 아니고 어디까지나 인간으로서 이 이야기의 본보기로 예를 든 것뿐인데.

고통: 물론 그들도 인간이지만, 그런 사람은 드물고 그 수도 점점 줄어들고 있어! 피닉스[70]와 키메라[71] 사이에 차이는 거의 없어. 키메라가 시칠리아의 산 이름이었으면 하는 사람들도 있지만, 난 키메라 같은 건 없다고 생각해.

이성: 누가 피닉스처럼 하라고 했나! 하지만 아냐, 그런 사람은 수가 적고 예외적이긴 하지만 그 때문에 더욱더 우리가 닮으려 노력할 만한 소수의 사람이야. 이

런 드문 본보기를 무시하는 사람이 있다면 우리 앞에서 자기 자신을 무시하는 셈이지. 그들은 스스로 드문 사람이 될 수 없으니까 말이야.

고통: 알겠어! 그러니까 나도 그렇게 되라는 거지. 하지만 난 남과 같은 사람일 뿐이야.

이성: 자네가 남과 같은 사람일 바엔 차라리 아무것도 아니라면 좋겠네. 이보다는 차라리 바보인 것이 낫지 않을까 모르겠어. 하지만 '남과 같은 사람'이라는 게 바보 같은 사람이기도 하다는 것 역시 사실이지.

고통: 그런데 난 아무것도 아닌 사람이라는 것보다 더 최악인 경우가 있는지 모르겠어.

이성: 사람이 마땅히 되어야 할 존재가 아닌 다른 존재라는 것이 얼마나 안 좋은 일인지 자네는 모르나?

고통: 자네는 마치 한 사람이 언젠가 우연히 해낼 수 있었던 일을 누구나 반드시 해야 하는 일처럼, 모든 이가 그래야 한다는 듯이 말하는군.

이성: 우연히 해낸 것이 아니야. 미덕은 우연히 오는 게 아니고 전적으로 일부러, 의도적으로 행동해야 얻어지는 거야. 미덕이란 어쩌다 얻어지는 것이 아니라 노력해서 얻는 거란 말이지. 그러니 내 말은 누군가가 언

젠가는 할 수 있었던 일을 누구나 해야 한다는 것이 아니라, 반대로 미덕 때문에 모든 이가 할 수 있는 일을 한 사람이 해야 한다는 거네! 아마도 난 사실 모든 이에게 이 말을 해야겠지만, 자네 한 사람을 상대로 이런 말을 하기란 꽤나 어렵군.

고통: 모든 이가 모든 일을 다 할 수는 없는 법이야.[72]

이성: 그 말은 시적일 뿐만 아니라 제법 전원적이기도 하군.[73] 나도 잘 알아. 하지만 모든 이가 할 수 없는 일이라도 자네는 할 수 있었으면 해. 할 수 없다면, 적어도 하고 싶어라도 하길 바라네.

고통: 아아! 난 가뜩이나 불행한데 자네는 내 마음을 더 괴롭히는군. 지금 받는 고통만으론 충분치 않단 말인가?

이성: 반대로 난 자네의 마음을 가라앉혀 주고 자넬 괴롭히는 그 고통을 멀리 떨쳐 주려 하는 거야. 거기에 손을 댈 수 있는데 대지 않으려 하는 것은 자네야. 혼자 힘으론 나도 아무것도 할 수 없네.

고통: 바로 그거야! 자네 생각엔 내가 어떻게 할 수 있을 것 같은가? 내가 지금 느끼는 고통을 멈출 수 있단

말인가? 분명 최악이라고 느껴지는 내 불행을 자넨 부정할 수 있는가?

이성: 첫 번째 일(고통을 멈추는 것)을 나는 요구하지 않네. 본성에 어긋나니까. 하지만 두 번째 일(고통을 부정하는 것)은 권할 수 있어. 그건 본성에도 현실에도 어긋나지 않으니까. 오로지 잘못 생각해서 그렇게 못할 뿐이지.

고통: 세상에! 자네가 철학적이라고 주장하는 그 무력증이 대체 무슨 쓸모가 있나? 고통은 마음의 악덕이 아니라 몸의 악덕이라는 걸 난 잘 알아. 고통이 부정행위와는 다르다는 것, 그리고 통증이 도둑질과는 무관하다는 것도 알고! 그런 걸 무슨 대단한 소식인 양 내게 알려줘 봐야 아무 소용 없어. 내 고통은 이미 엄청나서 여기에 다른 고통까지 덧붙일 필요는 없어. 내게 필요한 건 내 아픔을 알기 위한 조언이 아니라 고통을 없애거나 쫓아 버릴 수 있는 조언이야. 아아! 고통이 뭔지는 내가 잘 아니 제발 좀 덜 알았으면 좋겠네.

이성: 난 고통이 잔혹하고 무섭고 끔찍하고 쓰디쓰며 을씨년스럽고 자연에 역행하며 감각에 거슬린다는 것을 알아. 하지만 이 점에서 말과 행동이 모순되었던

에피쿠로스의 주장[74]대로, 미덕의 도움으로 고통을 기분 좋은 것으로 만들 수는 없지만 조금 덜 힘들게 만들고 그 힘을 빼놓을 수는 있어. 또한 진정한 미덕으로 마음에 갖출 수 있는 무기 덕에 고통을 부분적으로만 느끼거나 심지어 전혀 안 느낄 수도 있지.

고통: 말로는 자네를 이기지 못하겠군. 하지만 현실에서는 고통이 이기지. 이 점에서 나는 철학자들의 허튼소리를 믿지 않고 오직 내 감각만 믿는다네.

이성: 우선 철학자들이 가끔 허튼소리를 한다 해서—이 점에선 자네 말이 맞으니까 부정하지는 않겠네, 하지만 철학자들이 변명할 거라 생각지는 말게—철학 자체의 가치가 훼손되는 건 아니야. 다른 많은 경우에도 그렇지만 우리가 말하고 있는 이 경우에는 철학만이 고통받는 마음이 의지해 숨을 수 있는 지상 유일의 성벽일 거야. 그다음에 내 친구들이 감각의 그릇된 판단에 호소해 진실 여부를 결정한다면, 그보다 더 말도 안 되는 건 없을 거야. 사람은 지성을 통해 진리를 발견하는 거지 감각을 통해 발견하는 게 아니야.

고통: 아! 가뜩이나 괴로운데 왜 그런 문제까지 내 고통에 얹어 더 괴롭히나? 내게 치유제를 달라고! 사실 자

네도, 철학 전체도 내가 지금 느끼는 고통을 느끼지 않게 해 줄 수는 결코 없잖아.

이성: 까다롭고 어려운 환자의 변덕을 맞춰 주기 위해 해롭지만 환자의 욕망을 채우기에 유용한 것을 가끔 허용하기도 해야겠지. 그러니까 병이나 고통이나 상처나 감염이 몸의 병이고, 그렇다면 몸에서 오는 고통 자체는 악덕이라 볼 수 있고 어쩌면 '끔찍한 악덕'이라 불려도 된다는 것을 난 인정하겠네. 하지만 미덕이 그 악덕을 무찌를 수 있다는 것도 인정하겠어.

그러므로 나는 이런 말싸움에 굴복하겠네. 우리의 친구 키케로 덕에 우리가 화해할 수 있으니 말이야. "난 고통이 고통이 아니라고 말하진 않겠다. 그렇다면 용기는 무슨 소용 있나? 대신 나는 인내가—적어도 인내가 현실이라면—고통을 이긴다고 말하겠다. 인내가 환상이라면, 철학을 찬양하고 철학자라고 뽐낸들 무엇 할까?"[75]

키케로는 이렇게 말했고, 『투스쿨룸 대화』에서 이 불편한 일—이 악덕—에 대해 여러 주목할 만한 말을 덧붙였지. 난 자네에게 이 구절을 들려주고 싶었어. 자네가 지금 가장 필요로 하는 두 가지, 즉 인내와 마음의 힘을 얻어 내는 데 큰 도움이 될 테니 말이야. 인내의 힘과 단호한 마음의 힘이 없어서, 천박한 자는 그릇된 명분에 굴복하고 인간으로서 차마 내뱉을 수 없는 신음 소리를 뱉는 거라네.

고통: 마침내 자네의 손이 날 고통스럽게 하는 것에 어느 정도 가까워졌군. 그 손을 좀 더 가까이 가져와 보게. 스토아 철학자들의 비인간적이고 무정한 이론보다 좀 더 받아들이기 쉬워 보이고 내 경우에 잘 맞아 보이는 걸 어디서 찾을 수 있는지 말해 달라고. 솔직히 말해 봐, 내가 그 말을 반쯤만 믿긴 하지만 고통을 견뎌야 한다고 말하는 이 구절을 끊임없이 반복하면서도 계속 욕심스럽게 치유제를 바라고 있으니. 난 이 일을 해낼 만한 힘을 나 자신으로부터도, 키케로의 도움으로도, 다른 누구로부터도 찾지 못할 거야.

이성: 그렇게 말을 빙 돌려 하는 것을 비난하지는 않겠네. 반대로 그걸 축하하네. 아무도 자신을 너무 믿어선 안 되지. 인간을 지키려고 무장한 신이 하늘에서 뚝 떨어지길 기대해서도 안 돼. 심술궂은 사람들이 때로 신의 호의를 받는다 해도 그 호의가 경솔한 자에게 베풀어지는 건 결코 아니야. 그런 도움을 받을 만한 사람이

될 수 있도록 자네가 할 수 있는 일은 다 하게. 마음에 활기를 더하고 마음의 힘을 모아 머리끝에서 발끝까지 무장하고 전투태세로 적에 맞서라고.

고통: 내가 무슨 일을 해야 할지 알 것 같아. 하지만 한 가지 알고 싶어. 자네가 말하는 그 마음의 무기란 대체 무엇인가?

이성: 그 점에 대해선 키케로의 말을 들려주는 게 낫겠네. 똑같은 질문을 받고 그는 이렇게 대답했어. "노력, 결심, 마음속 말."[76] 이게 마음의 무기야.

고통: 알 것 같아. 그런데 "마음속 말"이란 뭐지?

이성: 말해 주지. 가치 있는 정신은 고통도 쾌락도 멸시하고 둘 다에 굽히지 않는다네. 하지만 위험에 부딪히고 적에게 포위되면 비로소 무기를 들지. 키케로의 정신이 이 점에서 결함이 있다는 건 아니야. 단지 우아함이 부족했던 거지. 이런 유의 대화보다 더 효율적으로 명예롭게 우리가 말한 내용을 전달해 주는 것은 없을 거야.

고통: 자네의 말 잘 들었고 그 말을 기억하겠네. 자네가 든 예를 보니 이 삶을 어떻게 끝맺고 싶은지 알겠어. 그래서 내가 세 가지 멋진 수확을 거두었고, 앞으로 잘

가꾸기만 하면 더 결실이 풍부할 이 단순한 세 마디에 대해 키케로에게 감사해.

이성: 이게 바로 그 경우야. 학자의 말은 의미가 가득해 도무지 무거워서 말이야. 학자의 말은 언제나 겉보기보다 더 많은 함의를 담고 있지.

그러니 내가 자네에게 말을 건 뒤로, 적어도 지금 이 순간은 자네가 고통과 푸념을 잊어버린 것 같아. 알 겠나. 아무 주제나 멋진 것에 대해 자네는 열정적으로 성찰하기만 하면 되네. 그러면 이 생각을 하느라 마음에 가득했던 다른 모든 감정을 잊어버려 고통이 한없이 가벼워지고 말썽도 해결되지.

고통: 정말 그러면 고통이 멀어지나? 오히려 말은 마음을 차지하고 귀를 간지럽힐 뿐 고통에 대해서는 어떤 실질적 효과도 없다고 난 생각하는데.

이성: 고백건대, 주술이면 몰라도 말이 몸을 치료하진 못해. 실제론 주술의 이 선율을 믿어 볼 만하지만 말이야. 하지만 말은 마음의 병을 치료해 주고, 그러면 다시 건전해진 마음에서 시름이 스르르 녹아 없어지거나 아니면 적어도 몸의 괴로움은 가라앉거든.

그러나 무엇보다 어려운 이 문제에 관해서 보통의

경우보다 훨씬 많은 말을 이미 했다는 걸 나도 알아. 이제 말을 그만해야지. 미덕이 자네의 고통을 가라앉혀 주지 않는다면 말이 할 수 있는 일은 아무것도 없어.

고통: 이런! 자네는 날 한쪽으로는 떠밀면서 다른 쪽으로는 괴롭히는군! 대체 어느 쪽을 믿어야 하나?

이성: 둘 중 더 고귀한 쪽을 믿고, 이를 위해 세상에서 제일 위대하고 멋진 추억의 도움을 받게.

미친다는 것

두려움: 이렇게 고통스러워하다 미쳐 버리는 게 아닐까 두려워.

이성: 달콤하고 평온한 것을 생각하며 버티게. 정념을 따라가다 미치는 길로 들어서는 사람이 많으니. 나쁜 감정이 쌓이면, 아닌 게 아니라 정말 미치게 되지. 반대로 선행을 쌓다 보면 진정한 미덕을 얻을 수 있다고 주장하는 철학자도 있네.

두려움: 난 이러다 미쳐 버릴까 두려워.

이성: 마음의 결함이 문제라면, 이에 대항해 무장하면 되네. 마음의 갑옷은 바로 미덕이야. 하지만 몸의 결

함이 문제라면, 신체에 관한 전문가인 의사가 그 문제를 다루고 고쳐 주어야 하네. 그런데 많은 경우 그들의 의술은 그럴 정도로 대단하지 못해. 아니면 의사도 실은 아무것도 몰라. 내가 자네에게 단 하나의 처방을 해 주겠네. 절제하고 모든 걸 과하게 하지 말게. 옛날 교부敎父들은 이미 미덕을 실천함으로써 몸을 튼튼히 했다네.

　욕망과 식욕을 억제하면 몸과 마음에 더없이 좋네. 사치 때문에 겁먹는 사람도 많지만, 많은 사람이 음식을 탐했고, 게으름과 술 때문에 병이 나 땅속에 묻힌 사람도 많다네. 또 어떤 사람은 지나치게 격렬하고 문란한 삶을 살다 그야말로 미쳐 버렸지.

　두려움: 난 내 본성에 흠이 있어서 미쳐 버릴까 두려워.

　이성: 자연이 자네에게 힘든 일을 강요할 수도 있지. 하지만 그건 불행은 아냐. 왜냐하면 그건 자네 잘못이 아니니까. 잘못이 불행의 뿌리야. 앞날을 내다보는 자네의 능력이 예전 그대로라면 이 한 가지만 유념하게. 설령 피할 수 있다 해도, 적어도 자네 마음*이 편하고 안전할 때 불행이 찾아올 거야. 자네가 미쳐도 무구하

---

* 여기서는 마음, 영혼, 정신을 혼용해 썼다. 원래는 기독교적인 뜻으로 anima(영혼)라 되어 있다.

다면 광증에서 빠져나올 때도, 죽을 때도 무구할 거야.
광기처럼 무구함을 보존해 줄 수 있는 세월도, 순수성
도, 오래 묵은 질투심도 없다네. 자네는 미칠 수 있었던
것처럼 미친 상태에서 놓여날 수도 있을 거야.

두려움: 난 미치는 게 두려워.

이성: 영웅과 왕비들과 같이 있는 것이 두렵다는 말
인가? 그럼 헤라클레스나 아이아스[77], 헤카베, 카산드
라[78] 등이 맘에 들지 않는단 말인가? 자네는 루크레티
우스[79]와 엠페도클레스[80]같이 똑똑한 사람의 발자취
를 따르기도 싫은가?

두려움: 미친다는 생각만 해도 끔찍해.

이성: 전통적으로 미친 사람은 대단한 예언을 할 수
있었다고 하네. 그러니까 빠르게 떠돌아다니는 광증은
건전한 정신으로 가닿지 못하는 외진 꼭짓점까지 이를
수 있다는 거지. 그래서 그리스 사람들은 '예견'이라 불
리는 기술, 즉 점술에 '광기'[81]라는 뜻에서 온 말 '만티
쿠스'라는 이름을 붙였다네.

두려움: 광기의 결과를 생각하면 끔찍해.

이성: 하지만 정신이 멀쩡한데 슬퍼하는 사람도 있
고, 미쳤는데 그것이 환상인 듯 기뻐하는 사람도 있어.

잘못돼도 즐거운 점은 있는 거야.

두려움: 미치는 게 두렵다는 마음이 날 사로잡고
있어.

이성: 사람들은 미친 척하고 괴로워하면서 광증과
잠시 휴전하려 하지. 진정 미친 덕분에 자넨 제대로 쉴
수 있을 거야.

죽음

두려움: 난 죽는 게 두려워.

이성: 죽음은 두려워할 일이 아니야. 오늘부터 그렇
게 생각하기 시작하기만 한다면, 그래서 초년부터 죽음
에 대한 생각을 키워 가지만 않는다면, 죽는다는 생각
이 가끔 떠오르고 머릿속을 내내 맴도는 게 아니라면 자
네는 죽음에 눈 감고 산 셈이네.

두려움: 난 죽는 게 두려워.

이성: 그럼 태어나는 것도 사는 것도 두려웠어야지!
태어난다는 게 이미 죽기 시작하는 거야. 평생이 죽음
으로 가는 여행이라고. 또 삶 자체가 일종의 죽음이기
도 하고. 살면서 자네는 죽음을 향해 가고 있었고, 현자

의 말대로 지금도 매시간 조금씩 죽어 가는 셈이지. 죽음이 인생 초입부터 곁에 있었고 살아가는 내내 함께 할 텐데 뭘 두려워하나? 현자만이 이 사실을 알아. 하지만 태어난 모든 것이 죽어야 하며 죽는 모든 것은 언젠가 태어난 존재라는 사실은 아무리 천박한 자라도 알고 있어.

두려움: 난 죽는 게 두려워.

이성: 이보게, 이성을 타고난 유한한 동물이여, 죽는 게 두려운가? 자네가 진정 이성적 동물이라면 유한한 이 상태를 어찌 두려워할 수 있는지 모르겠어. 바로 이성과 죽음이 합쳐져 인간 본성이 형성되는 것이니까. 이성은 영혼에 관계되고 죽음은 육신에 관계되지. 이성에 흠결이 있는 인간만이 죽음을 싫어하게 된다네.

두려움: 난 죽음이 겁나.

이성: 만약 죽음에 나쁜 점이 있다면 죽음이 더욱 두려워지기만 할 거야. 하지만 아무 나쁜 점도 없다면 두려워해야 할 단 하나의 나쁜 점은 죽음에 대한 공포 자체뿐이야! 자신의 불행을 스스로 조각조각 맞춰 만들어 내거나 가중시키는 것은 바보 같은 짓이지.

두려움: 죽음이라는 말만 들어도 난 겁이 나.

이성: 죽음이라는 말이 불길해진 것은 인간이 나약하기 때문이지. 마음에 힘이 있다면 죽음을 다른 당연한 사건보다 특별히 더 겁낼 건 없다는 게 보일 거야. 태어나고 자라고 늙고 배고프거나 갈증이 나고 밤을 새우거나 잠을 자는 이런 일상보다 죽음이 더 두려울 게 뭔가? 잠드는 것이나 죽는 것이나 비슷해서 잠은 죽음의 형제라거나 복사판이라 불리는데 말이야. "진리조차 그 친구의 죽음을 잠이라 불렀다"[82]라는 말을 멋진 시적 은유나 철학자의 미묘한 표현이라고 생각지 말게. 자네가 매일 저녁 기꺼이 하는 일, 즉 잠자는 일을 오늘 하기가 두렵단 말인가? 바로 이것이 항상 학자에게 시도 때도 없이 찾아오고 그들이 애써 밀어내곤 하는 마음의 흔들림이야.

두려움: 그건 모든 철학자가 수없이 해 왔고, 지금 들을 때는 듣기 좋은 뻔한 소리야. 하지만 다시 사위가 고요해지면 또 두려워져.

이성: 아니, 죽음은 항상 그 자리에 있었어. 만약 죽음이 아예 떠나갔다면 다시 돌아오지 않겠지. 대중이 가슴에 맺힌 죽음을 두려워한다는 사실을 난 잘 알아. 하지만 배울 만큼 배운 사람이라면 내가 이미 말한 바처

럼 천박한 사람들이 아니라 예외적인 사람들의 자취를 따라가야 마땅하거늘, 보통 사람들처럼 죽음을 두려워한다는 것이 자네는 부끄럽지도 않나. 게다가 철학자에 대해 그런 말을 하다니 놀라워. 뭐라고! 뱃사람에게는 항해술에 대해, 농사꾼에게는 씨 뿌리는 법에 대해, 전사에게는 전쟁술에 대해 조언을 구하면서 사는 일에 대해선 철학자의 의견을 무시한다고? 몸의 건강을 위해서는 의사를 부르면서, 왜 마음의 건강을 위해서는 철학자를 보러 가지 않나? 진정한 철학자는 마음의 의사이며 처세술의 달인인데 말이야.

두려움: 내 마음은 죽음을 두려워해.

이성: 마음이 그 자체로서 죽음을 두려워하는 것이라면 그 두려움은 헛된 거야. 마음은 불멸하는 것이니까. 혹시 몸이 아까워서 두려워하는 거라면, 그렇게 몸을 애지중지하는 건 지나친 짓 같아. 몸은 영혼의 적인데, 적까지 보살펴야 하는 건 아니거든. 끝으로 마음이 해방되는 것을 두려워한다면, 그건 감옥과 사슬을 너무 좋아하기 때문이지. 이런 건 비합리적인 사랑이야!

두려움: 난 죽음이 두려운 것을 어쩔 수 없어.

이성: 이 삶의 종말이 적어도 다른 삶의 시작이길 소

원한다면 죽음에 대한 두려움은 없어질 거야. 삶이 언젠가 끝나 버린다고 하니까 두려운 거거든. 사실 이 삶 말고도 다른 삶이 있을 거라 생각하면 곧바로 죽음을 두려워할 만한 숱한 이유가 모두 사라져.

두려움: 난 죽는 게 두려워.

이성: 그런 두려움은 무엇보다도 죽을 준비가 안 되어 있어서 오는 거야. 죽는다는 필연적인 일은 갑자기 닥쳐와. 배울 만큼 배우고 현명한 사람이, 게다가 나이도 먹을 만큼 먹은 사람이 죽을 준비가 안 되어 있다면 얼마나 부끄러운 일인가! 정말 읽어야 할 것을 읽은 현명한 사람이라면 삶 전체가 죽음에 대한 성찰이 되어야 할 거야. 고대 철학은 이미 그걸 알았지.

그러니 뜻하지 않게 하늘의 부름을 받고 갑자기 긴 여행을 떠나야 했던 사람들을 보게. 그들은 당황하고 놀라서 황급히 주섬주섬 짐을 챙기고, 미리 대비하지 못했다고 불평하며 안 가려고 버티다 떠나지. 그리고 종종 뒤를 돌아보며 이런저런 것을 빠뜨렸다고 구시렁 댄다네. 죽음으로 가는 길보다 더 먼 길은 없고, 사람들 주장으론 그보다 더 힘들고 산적이 득실대는 험로도 없다네. 그보다 더 어둡고 불안하고 위험한 길도 없고. 그

길엔 결함도 많지만, 영원히 돌아올 길 없는 편도야. 그러니 미리 생각하고 아무것도 빠뜨리지 않도록 조심해야 해. 삶을 하직하는 사람은 다른 여행자처럼 되돌아올 수가 없기 때문이지.

그러니 미리미리 준비해서 죽음이 찾아오면 단번에 즐겁게 떠날 채비를 해야 해. 기뻐하면서든 슬퍼하면서든 어쨌든 떠나긴 해야 하니까. 이렇게 준비하면 죽음에 대한 두려움과 괴로움이 한결 덜어질 거야.

두려움: 지금은 죽는 게 전보다 훨씬 더 두려워.

이성: 사람들이 수중에 가진 것을 여기저기 나눠 주는 걸 보았지. 감히 "나 죽을 때는"이라고 말하는 사람은 하나도 없어. 다들 "만일 내가 여기 없게 된다면"이라고 하지. 이게 세상에서 제일 확실한 일인데 자기는 어쩌면 안 죽을 것 같기라도 한 것처럼 말이야! 게다가 "만일 내가 여기 없게 된다면"이라는 말이 너무 명확하게 들릴까 봐 "혹시 내게 무슨 일이 생기면"이라는 말로 바꾸지. 태어난 모든 사람, 언젠가 태어날 모든 사람에게 늘 닥쳤고 닥치고 있고 닥쳐올 바로 그 일 말고 다른 일이 뭐가 있을 수 있다는 건지 난 꼭 알고 싶어. 사는 방식이 여럿이듯 죽는 방식도 여러 가지이지만, 죽을

수밖에 없다는 것은 누구에게나 마찬가지야. 자네 아버지도, 백성을 다스렸던 왕도 피하지 못했고 아무도 벗어날 수 없는데, 자네라고 면할 수 있을 것 같은가? 단지 죽음에 등을 돌리고 못 본 척할 따름이지.

적이 칼을 휘두르는데 안 보면 위협을 느끼지 않는다는 듯 두 눈을 질끈 감아 버리는 사람도 더러 있어. 그러다 칼을 휘두르는 게 느껴질 것이고, 칼을 맞을 것이고, 죽을 거야. 자, 눈을 감고 죽을 텐가, 눈을 뜨고 죽을 텐가? 그것만이 자네에게 달린 일이야.

자살

두려움: 난 자살하기로 결심했어.

이성: 방금 전엔 죽음이 두렵다더니 이젠 죽고 싶다는 건가. 참 종잡을 수가 없군. 언제는 죽음 앞에서 무섭다고 벌벌 떨더니 이젠 마치 죽음에 대한 인간적 두려움을 이미 뛰어넘었다는 듯이 스스로 죽음을 자초하니 말이야. 그렇게 갑자기 변해 버린 이유나 말해 보게.

두려움: 그야 중대한 이유가 있어서 죽음을 생각할 수밖에 없기 때문이지.

이성: 그럼 정말 중대한 이유겠지. 하지만 자네가 진정 인간이라면 그만한 이유로 죽을 수는 없을 텐데.

두려움: 지극히 불행한 일이 생겨서 생을 마감하지 않을 수 없어.

이성: 지금 자네를 짓누르는 불행이 최악은 아니야. 최악의 불행, 가장 끔찍한 불행은 지금 이 순간 자네를 덮친 불행, 즉 절망이지. 다른 불행은 다 치료제를 찾을 수 있지만 이 불행엔 아무 치료제도 없어.

두려움: 갑자기 내게 생기는 나쁜 일에 지쳐서 죽음을 택하는 거야.

이성: 사는 게 지긋지긋하다는 생각은 어리석은 자라면 다 갖고 있는 악덕이야. 현자는 살면서 생기는 모든 일을 맘에 들어하지. 즐거운 일은 기꺼이 받아들이고, 나머지는 참을성 있게 견뎌 내게. 삶 자체가 행복할 수야 없겠지만, 그들은 항상 인내를 연습하며 기쁨을 찾아내지. 현실에서 미덕보다 기쁘고 달콤한 건 없으니까. 미덕은 고통을 달래 주고, 떳떳하지 못한 것을 반듯하게 만들어 주고, 시련을 완화해 주고, 모든 난점을 평탄하게 골라 주지. 미덕은 푸념에 종지부를 찍고 위험을 멀리 밀어내 줘. 현자의 삶보다 평온하고 태평한 것

은 없다네. 인생이라는 부서지기 쉬운 쪽배를 해변으로 밀어붙이는 모든 악천후와 폭풍우에는 오직 한 가지 원인밖에 없어. 사람의 어리석음.

두려움: 난 죽음을 택할 거야. 병이 나서 아파도 다른 대책이 없기 때문이지.

이성: 그건 어리석고 너무 오만한 선택이야.

두려움: 그렇지만 난 너무 괴로워서 죽고만 싶어!

이성: 어쩌면 그런 고통은 자네를 시험해 보기 위해 인생에 찾아온 것일지도 몰라. 단지 괴롭기만 하다면 겪어 보는 게 유용할 수도 있지. 비록 지금은 참을 수 없겠지만 그 고통이 언제까지나 지속되진 않아. 그러니 죽음이 저절로 올 때까지 기다리게. 앞으로 살날은 이미 정해져 있고 그 날짜를 앞당기거나 늦출 능력 혹은 가능성은 자네에게 없어. 그런데도 그런 짓을 저지르는 사람이 많지만. 가볍고 잠깐인 시련을 피하려고 그들은 빠져나올 길 없는 영원한 고통으로 스스로 뛰어든 거야.

게다가 더없이 훌륭한 저자들도 이런 생각을 하지 말라고 했어. 그중 세네카가 첫손으로 꼽히지. 세네카는 어찌나 자주 집요하게 이 문제를 파고들었던지, 나중엔 사람들이 혹시 그도 자살할 생각을 하는 건 아닌가 자문하기까지 했어. 이렇게 불길한 생각이 세네카 같은 사람의 마음속에 떠오를 수 있었다니, 놀라지 않을 수 없어. 여기 세네카의 『루킬리우스에게 보낸 편지』 일부를 인용해 보겠네. "하지만 만약 육신이 맡은 바 역할을 다할 수 없게 된다면, 괴로워하는 마음을 육신으로부터 탈출시키는 걸 허용하지 않을 이유가 뭐란 말인가?" 그리고 몇 줄 뒤에 이런 말도 있어. "난 낡고 낡아 이미 무너져 가는 이 건물 밖으로 확 뛰어내리고 싶다!"[83) 세네카여, 이런 몹쓸 소리를 왜 한 건가! 이 말 한마디로 얼마나 올바른 문장들을 망쳐 놓았는가! 사람은 자기가 있던 자리를 떠나선 안 되고, 확고하게 서서 기다려야 해. 도망치느니 차라리 머리 위로 건물이 와르르 무너져 내려앉게 놓아두는 게 훨씬 낫지.

두려움: 내게 앞으로 일어날 일을 보느니 차라리 죽어 버리겠어!

이성: 좋을 때도 있고 나쁠 때도 있는 운명을 직면할 수 없다면 자네는 사람도 아니야. 그렇게 벌벌 떨면서 맞닥뜨린 문제에서 눈을 돌리려 하다니, 너무 나약한 짓 아닌가. 죽음에서 유일한 구원을 찾을 수밖에 없다는 그 문제는 대체 어디서 왔단 말인가? 대체 어떤 위험

이기에 자네와 가족을 위협하고 조국을 고통에 몰아넣는단 말인가? 자네와 가족만이 문제라면 급할 게 없지. 미덕으로 풀 수 없는 일을 운명이 자네에게 부여했을 리 없으니 말이야. 만약 조국 때문에 그러는 거라면, 그건 정말 경건한 고통이겠지. 하지만 이는 매우 비겁하고 수동적인 경건이야! 굴종과 독재로 조국이 위협받는 게 보일 때는 죽기를 각오하고 나서야겠지. 하지만 용감하게 그 위기를 타개해야지 비겁하게 도망쳐서야 되겠나!

두려움: 이렇게 사느니 차라리 죽는 게 나아!

이성: 자네가 그렇게도 서글프다는 자네의 삶을 아주 부럽고 바람직한 삶으로 보는 사람이 얼마나 많은지 아나? 하지만 자네가 조바심을 내니 모든 게 악화되기만 하는군.

두려움: 난 죽고 싶어.

이성: 절망한 이에게서 살기 싫다는 생각을 없애기란 비겁한 이에게서 죽음에 대한 두려움을 없애기만큼이나 어렵군. 그렇지만 한결같은 마음으로 삶을 끝까지 견뎌 내고 확고한 마음으로 죽음을 직면해야지. 이것이 내 치유법이야.

눈앞에 닥친 죽음

고통: 난 죽어 가네.

이성: 이제 끝이야. 자넨 더는 죽음이 두렵지 않을 것이며, 더 이상 죽음을 바라지도 않을 거야. 죽음이 두렵다는 것과 죽음을 바란다는 것이 지난번 대화에서 날 그토록 지치게 했던 두 가지 하소연이지! 이제 자네는 더 이상 괴롭지 않을 거야. 몸의 결함도 마음의 결함도 이젠 겪지 않아도 돼. 갖가지 걱정―병, 늙음, 사기를 당하면 어쩌나, 운명이 변덕을 부리면 어쩌나 하는 걱정―도 이제는 끝이야. 이런 것이 불행이라면 그런 걱정이 끝나는 것은 좋은 일이어야지. 자네는 이 모든 나쁜 일이 생긴다고 푸념하면서도, 막상 그런 일을 뒤에 두고 떠난다니 아쉬워서 우는 건가? 어떤 걱정거리가 있다가 없어졌다고 이렇게 탄식하다니, 참 까다로운 사람이군.

고통: 난 죽어 가네.

이성: 이제 자네 차례가 되어 조상들이 갔던 길을, 누구나 밟았던 길을, 누구나 택했던 길을 갈 거야. 자네만은 다를 줄 알았던가? 무엇이 다른가? 그래도 출발하라고. 행여 길을 잃을까 두려워 말고.

고통: 이런! 난 죽어 간다니까!

이성: 자네가 정말 자신의 죽음이 슬퍼 울 정신이 있다면, 살아 있을 때 결코 웃지 않았어야지! 왜냐하면 금방이라도 뚝뚝 떨어질 것처럼 자네 눈에 맺혀 있는, 앞으로 흘릴 눈물의 원인이 그때도 잘 보였을 테니까. 옛날의 웃음과 오늘의 눈물 사이에 거리는 짧았어.

고통: 난 죽어 가네.

이성: 난 자기 운명을 탄식하는 사람을 차마 눈 뜨고 볼 수가 없어. 그런데 전체 인간 중 한 명인 자네가 지금 그러고 있지 않나. 죽지 않으려면 아예 유한한 인간이 되질 말았어야지! 어차피 죽을 인간으로 태어났다는 게 슬퍼서 그러는 거라면, 이제 더 이상 울 필요가 없어. 이제는 뜻하지 않게 인간으로 사는 일이 끝났으니 말이야. 인간으로 태어난 초기에, 원치 않던 이 삶에 들어왔을 때 진작 울었어야지. 이제는 기뻐하게.

고통: 난 죽어 가네.

이성: 여기 침대 주위에 보이는 모든 사람, 자네가 이전에 본 모든 사람, 들어본 모든 사람이나 살아 있다는 소식을 지면으로 접한 모든 사람—자네가 알 수 있는 범위 내의 인간이 아무리 적다 할지라도—예전에 이 땅이

나 다른 곳에 태어났던 모든 사람, 이 세기나 다른 세기에 태어날 모든 사람, 끝으로 이 여행을 했거나 언젠가 할 모든 사람, 이 길을 자네보다 먼저 갔던 사람들의 긴 줄과 자네와 함께 가는 사람들의 끝없이 긴 줄을 상상해 보게. 그들은 지금 이 순간 자네와 함께 죽는 거야. 이 모든 사람 가운데 단 한 명도 부러워할 만한 운명을 가진 사람이 없다는 걸 알면, 이렇게 누구나 겪는 운명을 마치 자신만 겪는 일인 양 푸념한 게 낯 뜨거워질걸.

고통: 난 죽어 가네.

이성: 자네의 왕이 부르고 있어. 이건 좋은 소식이야. 그 호출이 호의적인 것인데도 뜻밖이라서 부르는 걸 알아채지 못하는 경우가 많아. 그 호출을 받아들이게. 그러면 자네도, 다른 사람들도 그 호출을 잘 이용하고 있다는 걸 알게 될 거야. 자네가 넘기를 두려워하는 이 문턱이 바로 감옥의 문턱이니까. 인생의 나쁜 점을 생각해 보고 죽음의 좋은 점을 상상해 봐. 소크라테스의 백조─앞날을 내다볼 수 있다 하여 아폴론에게 제물로 바쳐진 새─처럼 자네는 노래하면서─목소리는 없을지 몰라도 마음으로 노래를 부르면서─죽게 될 거야.

고통: 봐! 난 죽어 가네.

이성: 봐! 왕(죽음)이 자네를 기다리네. 그러니 비틀 거리지도 망설이지도 말고 죽 걸어가게. 도전일랑 거기 내려놓고. 자네가 자신을 아무리 사랑한들 그 왕이 자넬 사랑하는 것보다 더 사랑할 순 없을 거야. 그리고 사랑하는 사람이 부르는데 믿지 않을 사람이 누가 있겠나? 곧 이토록 바람직한 것을 그토록 두려워했다는 게 놀라울 거야. 일단 자유로워지면 사슬에 묶여 있을 때는 아무리 노력해도 알지 못할 것을 알게 될 테니까. 끝으로 자넨 원한다면 사물의 비밀, 너울로 가려져 인간이 꿰뚫지 못하는 것까지 볼 수 있을 거야. 그것이 인간에게 당연한 욕망이라면, 공부하는 사람에게서는 이런 욕망이 더더욱 격렬하지 않을까? 공부하는 사람에겐 죽음이 가장 나은 것일 테고, 그가 소원하는 대상까지 가장 빨리 데려다 주는 것이 죽음이지.

고통: 난 죽어 가네.

이성: 아니, 자네는 잠드는 거야. 자네는 삶에 지친 것 같아. 쉬게나.

고통: 난 죽어 가네.

이성: 영원한 휴식을 향해 출발해. 이제야 자네는 살기 시작하는 거야. 아름다운 죽음은 삶의 시작이니까.

주

행운에 대처하는 법

1) 코레지오의 아조. 귀족 신분으로 페트라르카의 친구다. 이
책의 I부는 1366년에 발표되었다. 하지만 실제로 글을 쓴
것은 1353~1360년인 것 같다. 페트라르카는 죽을 때까지
이 글을 고쳐 썼다. 영어본(로스키의 책 제1권)에도, 독어본
에도, 프랑스어본에도 이 서문이 실려 있다.

2) 운명 대 미덕. 이처럼 정념을 의인화하고 미덕과 운명을 대
립시키는 것은 스토아철학의 사상이다. 페트라르카는 여기
에 아우구스티누스에게서 가져온 기독교적 개념과 키케로
나 세네카의 말까지 추가했다. 여기에서는 기독교적 요소는
뺐다.

3) 『니코마코스 윤리학』 제3권. 여기서 페트라르카가 인용한
말은 아리스토텔레스의 그리스어 원전 그대로는 아니다. 그
는 라틴어로 주석된 글을 본 듯하다.

4) 스토아학파 철학자로, 로마의 정치가이자 극작가이고 풍자
시인이기도 했다. 네로 황제 재위 초기에 고문관으로서 통
치에 큰 영향을 끼쳤으나 후에 반역 혐의를 받고 자결했다.
저서로 『메디아』, 『페드라』 등이 있다.

5) 『시편』.

6) 고대 로마의 정치가·연설가·법률가·철학자. 기원전 63년 에 로마 집정관을 지냈다.

7) 고대 로마의 시인. 로마의 건국과 사명을 노래한 민족 서사 시 『아이네이스』를 썼다.

8) 베르길리우스, 『아이네이스』.

9) 마르쿠스 포르키우스 카토. 손자와 구분하기 위해 구(舊) 카 토라고도 불린 로마의 정치가이자 작가다.

10) 플리니우스, 『박물지』(Naturalis Historia).

11) 테베 출신의 정치가로 로마 장군을 지냈다.

12) 페르시아 다리우스 대왕의 아들이자 페르시아 아케메네스 왕조에 속한 장군.

13) 고대 로마의 정치가·역사가.

14) 로마공화정을 전복하려 시도한 모반으로 알려진 정치가.

15) 아테네의 정치가·장군. 제2차 페르시아전쟁에서 그리스의 승리에 결정적 역할을 했다. 귀족이 아닌 소상인 집안 출신 이다.

16) 고대 그리스의 서정시인. 에게해의 키오스섬 출신으로 주신 찬가, 경기 승리가, 애도가와 합창 서정시 등을 썼으며, 특 히 페르시아전쟁 때 조국의 전몰 용사를 찬양한 시를 썼다.

17) 여기서 '그'란 카틸리나를 말한다.

18) Vir bonus dicendi pertius. 연사에 대한 유명한 정의. 고대 문화의 근간이 되며 후세 인문주의자들도 이를 그대로 받아

들였다.

19) 키케로, 『연설가에 대하여』.

20) 신약성서 빌립보서 3장. 페트라르카는 항상 하느님 안에서의 완성을 말하고 있다.

21) 그리스신화에 나오는 왕비로 트로이 프리아모스 왕의 첫째 부인이었다. 자식으로 호메로스의 『일리아드』에 나오는 전사 헥토르와 파리스, 예언자 카산드라 등이 있다.

22) 리디아의 마지막 왕. 엄청난 부로 유명했다. 5세기경까지는 신화 속의 인물이었다.

23) 그리스의 철학자이자 견유학파의 창시자 중 한 명.

24) 기원전 3세기 말에 누미디아의 왕을 지낸 인물. 제2차 포에니전쟁 당시 우티카 근처에서 벌어진 대평원 전투에서 참패해 포로가 되었다.

25) 누미디아의 왕. 7년간 '유구르타의 전쟁'을 벌여 로마의 권력에 대항했다.

26) 고대 그리스 변방의 왕국. 헬레니즘 시대에 그리스의 지배적인 주가 되었다.

27) 고대 아프리카 대륙의 서북쪽, 현재의 알제리 영토와 튀니지, 리비아, 모로코 일부를 차지했던 나라로, 카이사르 이후 로마의 속주(屬州)가 되었다.

28) 로마 황제 카라칼라의 주치의를 지낸 의사.

29) 그리스신화에 나오는 왕. 제우스의 아들로, 신들을 불쾌하

게 한 벌로 영원히 기갈(飢渴)의 고통을 받게 되었다.

30) 파도바 태생으로 '파도바 사람'이라는 별칭으로 불린 고대
로마의 역사가. 40여 년 동안 『로마사』를 저술했다.

31) 고대 로마의 작가·박물학자. 『박물지』라는 기념비적 백과
사전을 집필했다.

32) 구약성서 전도서 12장.

33) 신약성서 고린도전서 8장.

34) 아리스토텔레스, 『니코마코스 윤리학』.

35) 오비디우스, 『사랑에 대한 치유법』. 인용된 오비디우스의
글은 대부분 이 책에서 가져온 것이다.

36) 베르길리우스, 『전원시』(Eclogues).

37) 오비디우스의 시.

38) 클라우디아누스, 「데 벨로 길도니코」(De Bello Gildonico).

39) 로마의 상원의원이자 장군으로 브루투스와 함께 카이사르
를 암살했다. 이후 필리피전투에서 안토니우스와 옥타비아
누스 연합군에게 패해 자살했다.

40) 고대 조지아의 첫 번째 왕국으로, 그리스신화에서 아이에테
스 왕과 그의 딸 메데이아가 다스렸던 나라로 묘사된다. 아
르고호의 목적지가 여기였다.

41) 로마제국의 제1대 황제. 로마공화정의 창립자로서 인류사
에서 가장 효율적이고도 가장 논란이 많은 지도자로 거론
된다.

불운에 대처하는 법

1) 헤라클레이토스, 『단장』((斷章).

2) 라틴어 원문에는 동물의 예가 더 많이 나오는데, 이는 부분
   적으로 플리니우스의 『박물지』에 근거를 두고 있다.

3) 오비디우스, 『변신』.

4) 키케로, 『우정에 대하여』.

5) 의사 일반을 가리킨다.

6) 『신국론』(神國論)에서 아우구스티누스는 베르길리우스의
   『아이네이스』에 나오는 시를 인용한다.

7) 기독교 성직자·신학자·역사학자. 성경을 라틴어로 옮기고
   주석을 단 것으로 유명하다.

8) 성 에로니모, 『이사야서 주해』 참조.

9) 그리스신화에 나오는 미녀로, 트로이의 왕자 파리스에게 유
   괴되어 트로이전쟁의 원인이 되었다.

10) 고대 로마인이 트로이를 가리키던 이름.

11) 고대 그리스의 레슬링 선수.

12) 고대 아테네의 정치가·입법가·시인. 특히 아테네의 정치
    적·경제적·도덕적 타락에 맞서 입법 노력을 기울인 것으로
    유명하다.

13) 그리스신화에 나오는 인물로, 필로스의 현명한 왕.

14) 에게해 동남쪽 끝에 있는 그리스령 섬.

15) 고대 그리스의 철학자로 키레네학파의 창시자. 소크라테스

의 제자였는데, '윤리적 쾌락주의'를 추구했다.

16) 키케로, 『공화정에 관하여』(De republica).

17) 고대 로마의 희극 작가 테렌티우스의 운문 희극「아델피」
(Adelphi)에 나오는 구절.

18) 세네카, 『서한집』.

19) 로마의 장군으로 카르타고인에게 사로잡힌 인물.

20) 시칠리아 섬 아크라가스(지금의 아그리젠토)의 참주로 잔
인하기로 유명했다. 청동 황소 속에 사람을 넣어 불에 천천
히 구워 죽였다고 한다.

21) 기하학에 능통했던 피타고라스학파의 수학자.

22) 고대 로마의 시인. 그의 『시론』(詩論)은 아리스토텔레스의
『시학』과 함께 후세에 큰 영향을 끼쳤다.

23) 고대 아테네의 정치가·웅변가. 그의 연설문은 기원전 4세
기 아테네의 정치·사회·경제·생활에 관한 귀중한 자료로
평가받는다.

24) 키케로와 동시대에 살았던 고대 그리스의 유명한 정치가·
웅변가. 마케도니아파로 데모스테네스와 논쟁을 벌였으나
패했다.

25) 고대 로마의 웅변가·시인. 키케로의 연설이 화려하고 인
위적이라고 비판했으며, 바티니우스의 연설도 비판한 바
있다.

26) 로마공화정 말기의 정치가.

27) 이 책의 '가난' 항목 참조.

28) 고대 아테네의 정치가·군인. 아테네에서 전군의 총사령관을 지냈으나 뒤에 암살되었다.

29) 샘 많고 비열한 평론가의 화신. 호메로스를 무시했다 하여 '호메로매스틱스'라는 별명이 붙었다.

30) 고대 로마의 정치가·장군. 로마가 과두정치에서 자치제 제국으로 가는 데 큰 역할을 했다.

31) 고대 그리스의 희극 작가. 신희극의 창시자다.

32) 유대의 왕. 그리스도의 탄생을 두려워해 베들레헴의 유아를 모조리 학살하라는 명령을 내렸다.

33) 카이사르를 암살한 브루투스가 아니라 고대 로마의 초대 집정관이었던 루키우스 유니우스 브루투스를 가리킨다.

34) 루카누스, 「파르살리아」(Pharsalia).

35) 고대 로마의 장군·정치가. 카르타고를 쳐서 제3차 포에니 전쟁을 종식시켰다.

36) 오비디우스, 『사랑의 기술』.

37) 베르길리우스, 『아이네이스』.

38) 오비디우스, 『향연』.

39) 고대 로마의 시인. 그의 시뿐만 아니라 단테의 『신곡』「연옥편」에서 단테와 베르길리우스를 도와주는 중요한 인물로 나오는 것으로도 유명하다.

40) 스타티우스, 『테바이스』(Thebaid).

41) 키케로, 『투스쿨룸 대화』, 아우구스티누스, 『신국론』.

42) 로마공화정의 집정관. 기원전 503년에 사비니족을 정복해 승리를 구가했다.

43) 기원전 494년 메네니우스 아그리파는 의견 불일치를 보이는 로마 시민을 설득해 결정을 돌이키게 했다.

44) 고대 그리스의 고전주의 조각가.

45) 『시편』.

46) 프랑스 남동부를 흐르는 강으로 원천은 프랑스에서 가장 큰 샘이 있는 퐁텐드보클뤼즈다. 페트라르카는 1353년까지 이곳에 살며 시를 썼다.

47) 티레니아해로 흘러드는 이탈리아의 강. 로마를 가로질러 흐르며 로마 역사와도 밀접하게 연관된다. 나르강은 티베르강의 한 지류다.

48) 이탈리아 중부 라치오 지방의 도시 리에티를 감돌아 흐르는 네라강의 옛 이름.

49) '폭포'라는 뜻으로, 지금은 셀랄이라 불린다.

50) 내륙 쪽을 흐르는 다뉴브강.

51) '흑해'를 가리키는 라틴어. '친절한 바다'라는 뜻이다.

52) 이탈리아의 시칠리아 동쪽 해안에 있는 활화산.

53) 이탈리아 북서부의 해안 지역.

54) 그리스신화에 나오는 바다 괴물로 시칠리아 앞바다의 큰 소용돌이를 가리킨다.

55) 카리브디스 맞은편에 있는 큰 바위 형상을 한 바다 괴물. 선원들은 카리브디스를 피하려면 스킬라 근처를 지나야 하고, 스킬라를 피하려면 카리브디스 근처를 지나야 했다.

56) 베르길리우스, 『농경시』(Georgics).

57) 베르길리우스, 『아이네이스』.

58) 베르길리우스, 『농경시』, 호라티우스, 「세기의 찬가」(Carmen saeculare).

59) 플리니우스, 『박물지』.

60) taedium vitae. 페트라르카는 다른 책 『나의 비밀』에서도 '의기소침'과 연관된 이 생각을 언급한다. 여기서 이런 유의 병은 관능, 분노, 식탐 등의 악덕처럼 취급된다. 그러니까 이성은 이런 생각을 감정으로 취급하는 것이 아니라 인간의 의지에 달린 것으로 보기 때문에 결함으로 취급한다.

61) 키케로의 친구였던 고대 로마의 유명 배우.

62) 『이솝 우화』로 잘 알려진 이솝을 가리킨다.

63) virtus(미덕)는 고전적 의미로 가치, 장점, 도덕적 완성을 가리킨다. 이 책 전반에서 이런 의미로 쓰였다.

64) 아울루스 겔리우스의 『아티카 야화』에서 인용.

65) ira furor brevis est. 호라티우스의 『서간집』에 나오는 표현.

66) 로마공화정의 문인. 로마 시(詩)의 아버지로 여겨진다. 지금은 작품의 일부만 전해지지만 라틴 문학에 지대한 영향을

끼쳤다.

67) 그에게 신세진 사람 중 한 명이다.

68) 세네카, 『화에 대하여』.

69) 대화 전체를 통틀어 미덕이란 가치, 용기 등의 고전적 의미로 쓰이고 있음을 다시 한번 강조해 둔다.

70) 그리스신화에 나오는 불사조.

71) 그리스신화에 나오는 머리는 염소, 몸은 사자, 꼬리는 뱀의 머리인 괴물.

72) Non omnia possumus omnes. 프랑스어본에도 라틴어로 나와 있다.

73) 베르길리우스의 『전원시』에 적용할 수 있는 말장난.

74) 키케로에 따르면 여기서 인용된 대화 전체는 고통 문제를 다루고 있다.

75) 키케로, 『투스쿨룸 대화』.

76) 앞의 책. 키케로는 이렇게 썼다. "혼잣말을 하는 것처럼 수치스럽고 비겁하고 사람에게 맞지 않는 일은 다 피하라."

77) 그리스신화에 나오는 트로이전쟁의 영웅. 텔라몬 왕의 아들로 살라미스의 왕이었다.

78) 그리스신화에 나오는 여자 예언자. 아폴론의 총애를 얻어 앞날을 내다보는 재능을 받아 트로이 함락을 예언했으나, 아폴론의 연인이 되기로 한 약속을 거절해 예언 능력을 다시 빼앗겼다. 트로이 함락 후 아가멤논의 포로가 되어 그의

아내 클리타임네스트라에게 살해되었다. 헤카베는 트로이의 왕 프리아모스의 왕비로 카산드라의 어머니다.

79) 고대 로마의 시인·철학자. 유일하게 알려진 작품이 철학시 『사물의 본성에 관하여』다.

80) 고대 그리스의 철학자. 우주의 만물은 흙, 물, 공기, 불의 4원소로 이루어지며, 사랑과 미움이라는 힘으로 이 4원소가 결합하고 분리해 생의 기원과 발전을 좌우하는 우주 역사의 일부가 된다고 보았다.

81) Mania. 광기 혹은 광증을 뜻하는 그리스어.

82) 키케로.

83) 여기엔 자살에 관한 스토아철학의 담론이 담겨 있다.

행운과 불운에 대처하는 법

2020년 3월 24일 초판 1쇄 발행

지은이
프란체스코 페트라르카

옮긴이
임희근

펴낸이	**펴낸곳**	**등록**
조성웅	도서출판 유유	제406-2010-000032호(2010년 4월 2일)

주소
경기도 파주시 책향기로 337, 301-704 (우편번호 10884)

전화	**팩스**	**홈페이지**	**전자우편**
031-957-6869	0303-3444-4645	uupress.co.kr	uupress@gmail.com

페이스북	**트위터**	**인스타그램**
facebook.com	twitter.com	instagram.com
/uupress	/uu_press	/uupress

편집	**디자인**	**마케팅**
류현영, 사공영	이기준	송세영

제작	**인쇄**	**제책**	**물류**
제이오	(주)민언프린텍	(주)정문바인텍	책과일터

ISBN 979-11-89683-35-1 04100
      979-11-89683-34-4 (세트)

이 도서의 국립중앙도서관 출판예정도서목록(CIP)은 서지정보유통지원시스템
홈페이지(seoji.nl.go.kr)와 국가자료공동목록시스템(www.nl.go.kr/kolisnet)에서
이용하실 수 있습니다.(CIP제어번호: CIP2020009802)